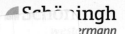

Schöningh
westermann

EinFach
Deutsch

Heinrich von Kleist

Die Marquise von O...
Das Erdbeben in Chili

und weitere Texte

Erarbeitet und mit Anmerkungen versehen
von Christine Mersiowsky unter Mitwirkung
von Olaf Hildebrand

Herausgegeben von
Johannes Diekhans

Die Textausgabe basiert auf:

Helmut Sembdner (Hrsg.): Heinrich von Kleist. Sämtliche Werke und Briefe.
5., vermehrte und revidierte Auflage. Hanser Verlag, München 1970.
Die Orthografie wurde behutsam der neuen deutschen Rechtschreibung
angepasst.
Olaf Hildebrand verfasste die Anmerkungen zur Novelle
„Das Erdbeben in Chili".

westermann GRUPPE

© 2009 Bildungshaus Schulbuchverlage
Westermann Schroedel Diesterweg Schöningh Winklers GmbH, Braunschweig
www.westermann.de

Druck A[13] / Jahr 2020
Alle Drucke der Serie A sind im Unterricht parallel verwendbar.

Umschlaggestaltung: Jennifer Kirchhof
Druck und Bindung: Westermann Druck GmbH, Braunschweig

ISBN 978-3-14-022451-2

Heinrich von Kleist

Die Marquise[1] von O...

(Nach einer wahren Begebenheit, deren Schauplatz vom
Norden nach dem Süden verlegt worden)

In M..., einer bedeutenden Stadt im oberen Italien, ließ die
verwitwete Marquise von O..., eine Dame von vortreff-
lichem Ruf, und Mutter von mehreren wohlerzogenen 5
Kindern, durch die Zeitungen bekannt machen: dass sie,
ohne ihr Wissen, in andre Umstände gekommen sei, dass
der Vater zu dem Kinde, das sie gebären würde, sich melden solle; und dass sie, aus Familienrücksichten, entschlossen wäre, ihn zu heiraten. Die Dame, die einen so 10
sonderbaren, den Spott der Welt reizenden Schritt, beim
Drang unabänderlicher Umstände, mit solcher Sicherheit
tat, war die Tochter des Herrn von G..., Kommandanten
der Zitadelle[2] bei M... Sie hatte, vor ungefähr drei Jahren,
ihren Gemahl, den Marquis von O..., dem sie auf das In- 15
nigste und Zärtlichste zugetan war, auf einer Reise verloren, die er, in Geschäften der Familie, nach Paris gemacht
hatte. Auf Frau von G...s, ihrer würdigen Mutter, Wunsch,
hatte sie, nach seinem Tode, den Landsitz verlassen, den
sie bisher bei V... bewohnt hatte, und war, mit ihren beiden 20
Kindern, in das Kommandantenhaus, zu ihrem Vater, zu-
rückgekehrt. Hier hatte sie die nächsten Jahre mit Kunst,
Lektüre, mit Erziehung, und ihrer Eltern Pflege beschäftigt, in der größten Eingezogenheit[3] zugebracht: bis der ...
Krieg[4] plötzlich die Gegend umher mit den Truppen fast 25
aller Mächte[5] und auch mit russischen erfüllte. Der Obrist[6]
von G..., welcher den Platz zu verteidigen Order hatte,
forderte seine Gemahlin und seine Tochter auf, sich auf

---

[1] Gemahlin oder Tochter eines Marquis; Marquis = französischer
  Adelstitel (zwischen Herzog und Graf einzuordnen)
[2] Befestigungsanlage innerhalb einer Stadt oder einer Festung
[3] Zurückgezogenheit
[4] Gemeint ist der zweite Koalitionskrieg im Jahre 1799, den die Allianz
  aus verschiedenen europäischen Nationen gegen Napoleon führte.
[5] Österreichische und russische Truppen kämpften in Norditalien gemeinsam gegen die französische, italienische und polnische Allianz.
[6] veraltete Bezeichnung für „Oberst"

das Landgut, entweder der Letzteren, oder seines Sohnes, das bei V... lag, zurückzuziehen. Doch ehe sich die Abschätzung noch, hier der Bedrängnisse, denen man in der Festung, dort der Greuel, denen man auf dem platten Lan-
5 de ausgesetzt sein konnte, auf der Waage der weiblichen Überlegung entschieden hatte: war die Zitadelle von den russischen Truppen schon berennt[1], und aufgefordert, sich zu ergeben. Der Obrist erklärte gegen seine Familie, dass er sich nunmehr verhalten würde, als ob sie nicht
10 vorhanden wäre; und antwortete mit Kugeln und Granaten. Der Feind, seinerseits, bombardierte die Zitadelle. Er steckte die Magazine in Brand, eroberte ein Außenwerk, und als der Kommandant, nach einer nochmaligen Aufforderung, mit der Übergabe zauderte, so ordnete er einen
15 nächtlichen Überfall an, und eroberte die Festung mit Sturm.
Eben als die russischen Truppen, unter einem heftigen Haubitzenspiel[2], von außen eindrangen, fing der linke Flügel des Kommandantenhauses Feuer und nötigte die
20 Frauen, ihn zu verlassen. Die Obristin, indem sie der Tochter, die mit den Kindern die Treppe hinabfloh, nacheilte, rief, dass man zusammenbleiben, und sich in die unteren Gewölbe flüchten möchte; doch eine Granate, die, eben in diesem Augenblicke, in dem Hause zerplatzte, vollendete
25 die gänzliche Verwirrung in demselben. Die Marquise kam, mit ihren beiden Kindern, auf den Vorplatz des Schlosses, wo die Schüsse schon, im heftigsten Kampf, durch die Nacht blitzten, und sie, besinnungslos, wohin sie sich wenden solle, wieder in das brennende Gebäude
30 zurückjagten. Hier, unglücklicherweise, begegnete ihr, da sie eben durch die Hintertür entschlüpfen wollte, ein Trupp feindlicher Scharfschützen, der, bei ihrem Anblick, plötzlich still ward, die Gewehre über die Schultern hing, und sie, unter abscheulichen Gebärden, mit sich fortführ-
35 te. Vergebens rief die Marquise, von der entsetzlichen, sich untereinander selbst bekämpfenden, Rotte[3] bald hier-,

---

1 veraltete Bezeichnung für „angegriffen"
2 Gefecht mit einer Haubitze; Haubitze = Geschütz
3 ungeordnete Schar, Gruppe von Menschen

bald dorthin gezerrt, ihre zitternden, durch die Pforte zu-
rückfliehenden Frauen, zu Hülfe[1]. Man schleppte sie in
den hinteren Schlosshof, wo sie eben, unter den schänd-
lichsten Misshandlungen, zu Boden sinken wollte, als,
von dem Zetergeschrei[2] der Dame herbeigerufen, ein rus- 5
sischer Offizier erschien, und die Hunde, die nach solchem Raub lüstern waren, mit wütenden Hieben zer-
streute. Der Marquise schien er ein Engel des Himmels zu
sein. Er stieß noch dem letzten viehischen Mordknecht,
der ihren schlanken Leib umfasst hielt, mit dem Griff des 10
Degens ins Gesicht, dass er, mit aus dem Mund vorquell-
lendem Blut, zurücktaumelte; bot dann der Dame, unter
einer verbindlichen, französischen Anrede[3] den Arm, und
führte sie, die von allen solchen Auftritten sprachlos war,
in den anderen, von der Flamme noch nicht ergriffenen, 15
Flügel des Palastes, wo sie auch völlig bewusstlos niedersank. Hier – traf er, da bald darauf ihre erschrockenen
Frauen erschienen, Anstalten[4], einen Arzt zu rufen; versicherte, indem er sich den Hut aufsetzte, dass sie sich bald
erholen würde; und kehrte in den Kampf zurück. 20
Der Platz war in kurzer Zeit völlig erobert, und der Kommandant, der sich nur noch wehrte, weil man ihm keinen
Pardon geben[5] wollte, zog sich eben mit sinkenden Kräften nach dem Portal des Hauses zurück, als der russische
Offizier, sehr erhitzt im Gesicht, aus demselben hervor- 25
trat, und ihm zurief, sich zu ergeben. Der Kommandant
antwortete, dass er auf diese Aufforderung nur gewartet
habe, reichte ihm seinen Degen dar, und bat sich die Erlaubnis aus, sich ins Schloss begeben, und nach seiner
Familie umsehen zu dürfen. Der russische Offizier, der, 30
nach der Rolle zu urteilen, die er spielte, einer der Anfüh-
rer des Sturms zu sein schien, gab ihm, unter Begleitung
einer Wache, diese Freiheit; setzte sich, mit einiger Eilfer-

---

[1] ältere Schreibweise für „Hilfe"
[2] ursprünglich: verzweifelter Hilferuf, dem Folge zu leisten ist
[3] Französisch = Verkehrssprache des europäischen Adels im 18. Jh.
[4] ergriff Maßnahmen
[5] das Leben des Besiegten verschonen

tigkeit, an die Spitze eines Detachements[1], entschied, wo
er noch zweifelhaft sein mochte, den Kampf, und be-
mannte schleunigst die festen Punkte des Forts. Bald darauf kehrte er auf den Waffenplatz zurück, gab Befehl, der
5 Flamme, welche wütend um sich zu greifen anfing, Einhalt zu tun, und leistete selbst hierbei Wunder der Anstrengung, als man seine Befehle nicht mit dem gehörigen
Eifer befolgte. Bald kletterte er, den Schlauch in der Hand,
mitten unter brennenden Giebeln umher, und regierte
10 den Wasserstrahl; bald steckte er, die Naturen der Asi-
aten[2] mit Schaudern erfüllend, in den Arsenälen, und
wälzte Pulverfässer und gefüllte Bomben heraus. Der
Kommandant, der inzwischen in das Haus getreten war,
geriet auf die Nachricht von dem Unfall, der die Marqui-
15 se betroffen hatte, in die äußerste Bestürzung. Die Marquise, die sich schon völlig, ohne Beihülfe[3] des Arztes, wie
der russische Offizier vorhergesagt hatte, aus ihrer Ohnmacht wieder erholt hatte, und bei der Freude, alle die
Ihrigen gesund und wohl zu sehen, nur noch, um die
20 übermäßige Sorge derselben zu beschwichtigen, das Bett
hütete, versicherte ihn, dass sie keinen andern Wunsch
habe, als aufstehen zu dürfen, um ihrem Retter ihre Dankbarkeit zu bezeugen. Sie wusste schon, dass er der Graf
F..., Obristlieutenant vom t...n Jägerkorps, und Ritter
25 eines Verdienst- und mehrerer anderer Orden war. Sie bat
ihren Vater, ihn inständigst zu ersuchen, dass er die Zitadelle nicht verlasse, ohne sich einen Augenblick im Schloss
gezeigt zu haben. Der Kommandant, der das Gefühl seiner
Tochter ehrte, kehrte auch ungesäumt in das Fort zurück,
30 und trug ihm, da er unter unaufhörlichen Kriegsanord-
nungen umherschweifte, und keine bessere Gelegenheit
zu finden war, auf den Wällen, wo er eben die zerschos-
senen Rotten revidierte[4], den Wunsch seiner gerührten
Tochter vor. Der Graf versicherte ihn, dass er nur auf den
35 Augenblick warte, den er seinen Geschäften würde abmü-

---

[1] veraltete Bezeichnung für eine abkommandierte Truppe, die mit be-
sonderen Aufgaben betraut wurde

[2] hier: symbolisch für die Unbezähmbarkeit der russischen Truppen

[3] Hilfeleistung

[4] die Zahl der Verletzten feststellen

ßigen können, um ihr seine Ehrerbietigkeit zu bezeugen. Er wollte noch hören, wie sich die Frau Marquise befinde?, als ihn die Rapporte[1] mehrer Offiziere schon wieder in das Gewühl des Krieges zurückrissen. Als der Tag anbrach, erschien der Befehlshaber der russischen Truppen, und besichtigte das Fort. Er bezeugte dem Kommandanten seine Hochachtung, bedauerte, dass das Glück seinen Mut nicht besser unterstützt habe, und gab ihm, auf sein Ehrenwort, die Freiheit, sich hinzubegeben, wohin er wolle. Der Kommandant versicherte ihn seiner Dankbarkeit, und äußerte, wie viel er, an diesem Tage, den Russen überhaupt, und besonders dem jungen Grafen F..., Obristlieutenant vom t...n Jägerkorps, schuldig geworden sei. Der General fragte, was vorgefallen sei; und als man ihn von dem frevelhaften Anschlag auf die Tochter desselben unterrichtete, zeigte er sich auf das Äußerste entrüstet. Er rief den Grafen F... bei Namen vor. Nachdem er ihm zuvörderst[2] wegen seines eignen edelmütigen Verhaltens eine kurze Lobrede gehalten hatte: wobei der Graf über das ganze Gesicht rot ward; schloss er, dass er die Schandkerle, die den Namen des Kaisers[3] brandmarkten, niederschießen lassen wolle; und befahl ihm, zu sagen, wer sie seien? Der Graf F... antwortete, in einer verwirrten Rede, dass er nicht imstande sei, ihre Namen anzugeben, indem es ihm, bei dem schwachen Schimmer der Reverberen[4] im Schlosshof, unmöglich gewesen wäre, ihre Gesichter zu erkennen. Der General, welcher gehört hatte, dass damals schon das Schloss in Flammen stand, wunderte sich darüber; er bemerkte, wie man wohl bekannte Leute in der Nacht an ihren Stimmen erkennen könnte; und gab ihm, da er mit einem verlegenen Gesicht die Achseln zuckte, auf, der Sache auf das Allereifrigste und Strengste nachzuspüren. In diesem Augenblick berichtete jemand, der sich aus dem hintern Kreise hervordrängte, dass einer von

---

[1] dienstliche Meldungen
[2] veraltete Bezeichnung für „zunächst"
[3] zeitgenössische Bezeichnung für den russischen Zaren Paul I. (1754–1801)
[4] Leuchten, bei denen das Licht durch ein glänzendes Metall oder einen Spiegel reflektiert wird

den, durch den Grafen F... verwundeten, Frevlern, da er in dem Korridor niedergesunken, von den Leuten des Kommandanten in ein Behältnis[1] geschleppt worden, und darin noch befindlich sei. Der General ließ diesen hierauf
5 durch eine Wache herbeiführen, ein kurzes Verhör über ihn halten; und die ganze Rotte, nachdem jener sie genannt hatte, fünf an der Zahl zusammen, erschießen. Dies abgemacht, gab der General, nach Zurücklassung einer kleinen Besatzung, Befehl zum allgemeinen Aufbruch der
10 übrigen Truppen; die Offiziere zerstreuten sich eiligst zu ihren Korps; der Graf trat, durch die Verwirrung der Auseinandereilenden, zum Kommandanten, und bedauerte, dass er sich der Frau Marquise, unter diesen Umständen, gehorsamst empfehlen müsse: und in weniger, als einer
15 Stunde, war das ganze Fort von Russen wieder leer.
Die Familie dachte nun darauf, wie sie in der Zukunft eine Gelegenheit finden würde, dem Grafen irgendeine Äußerung ihrer Dankbarkeit zu geben; doch wie groß war ihr Schrecken, als sie erfuhr, dass derselbe noch am Tage sei-
20 nes Aufbruchs aus dem Fort, in einem Gefecht mit den feindlichen Truppen[2], seinen Tod gefunden habe. Der Kurier, der diese Nachricht nach M... brachte, hatte ihn mit eignen Augen, tödlich durch die Brust geschossen, nach P... tragen sehen, wo er, wie man sichere Nachricht hatte,
25 in dem Augenblick, da ihn die Träger von den Schultern nehmen wollten, verblichen war. Der Kommandant, der sich selbst auf das Posthaus verfügte, und sich nach den näheren Umständen dieses Vorfalls erkundigte, erfuhr noch, dass er auf dem Schlachtfeld, in dem Moment, da
30 ihn der Schuss traf, gerufen habe: „Julietta! Diese Kugel rächt dich!", und nachher seine Lippen auf immer geschlossen hätte. Die Marquise war untröstlich, dass sie die Gelegenheit hatte vorbeigehen lassen, sich zu seinen Füßen zu werfen. Sie machte sich die lebhaftesten Vorwürfe,
35 dass sie ihn, bei seiner, vielleicht aus Bescheidenheit, wie sie meinte, herrührenden Weigerung, im Schlosse zu er-

---

[1] hier: Raum, der als Gefängnis dient
[2] Gemeint ist die Schlacht an der Trebbia in der Nähe von Piacenza (17. bis 19. Juni 1779).

scheinen, nicht selbst aufgesucht habe; bedauerte die Unglückliche, ihre Namensschwester, an die er noch im Tode gedacht hatte; bemühte sich vergebens, ihren Aufenthalt zu erforschen, um sie von diesem unglücklichen und rührenden Vorfall zu unterrichten; und mehrere Monden[1] vergingen, ehe sie selbst ihn vergessen konnte.

Die Familie musste nun das Kommandantenhaus räumen, um dem russischen Befehlshaber darin Platz zu machen. Man überlegte anfangs, ob man sich nicht auf die Güter des Kommandanten begeben sollte, wozu die Marquise einen großen Hang hatte; doch da der Obrist das Landleben nicht liebte, so bezog die Familie ein Haus in der Stadt, und richtete sich dasselbe zu einer immerwährenden Wohnung ein. Alles kehrte nun in die alte Ordnung der Dinge zurück. Die Marquise knüpfte den lange unterbrochenen Unterricht ihrer Kinder wieder an, und suchte, für die Feierstunden, ihre Staffelei und Bücher hervor: als sie sich, sonst die Göttin der Gesundheit selbst, von wiederholten Unpässlichkeiten befallen fühlte, die sie ganze Wochen lang, für die Gesellschaft untauglich machten. Sie litt an Übelkeiten, Schwindeln und Ohnmachten, und wusste nicht, was sie aus diesem sonderbaren Zustand machen solle. Eines Morgens, da die Familie beim Tee saß, und der Vater sich, auf einen Augenblick, aus dem Zimmer entfernt hatte, sagte die Marquise, aus einer langen Gedankenlosigkeit erwachend, zu ihrer Mutter: Wenn mir eine Frau sagte, dass sie ein Gefühl hätte, ebenso, wie ich jetzt, da ich die Tasse ergriff, so würde ich bei mir denken, dass sie in gesegneten Leibesumständen wäre. Frau von G... sagte, sie verstände sie nicht. Die Marquise erklärte sich noch einmal, dass sie eben jetzt eine Sensation[2] gehabt hätte, wie damals, als sie mit ihrer zweiten Tochter schwanger war. Frau von G... sagte, sie würde vielleicht den Phantasus gebären, und lachte. Morpheus[3] wenigstens, versetzte die

---

[1] veraltete Bezeichnung für „Monate"
[2] hier: Gefühl
[3] Traumgötter aus Ovids „Metamorphosen", Söhne des Schlafgottes Somnus

Marquise, oder einer der Träumer aus seinem Gefolge, würde sein Vater sein; und scherzte gleichfalls. Doch der Obrist kam, das Gespräch ward abgebrochen, und der ganze Gegenstand, da die Marquise sich in einigen Tagen
5 wieder erholte, vergessen.

Bald darauf ward der Familie, eben zu einer Zeit, da sich auch der Forstmeister von G..., des Kommandanten Sohn, in dem Hause eingefunden hatte, der sonderbare Schrecken, durch einen Kammerdiener, der ins Zimmer trat,
10 den Grafen F... anmelden zu hören. Der Graf F...!, sagte der Vater und die Tochter zugleich; und das Erstaunen machte alle sprachlos. Der Kammerdiener versicherte, dass er recht gesehen und gehört habe, und dass der Graf schon im Vorzimmer stehe, und warte. Der Kommandant sprang
15 sogleich selbst auf, ihm zu öffnen, worauf er, schön, wie ein junger Gott, ein wenig bleich im Gesicht, eintrat. Nachdem die Szene unbegreiflicher Verwunderung vorüber war, und der Graf, auf die Anschuldigung der Eltern, dass er ja tot sei, versichert hatte, dass er lebe; wandte er sich,
20 mit vieler Rührung im Gesicht, zur Tochter, und seine erste Frage war gleich, wie sie sich befinde? Die Marquise versicherte, sehr wohl, und wollte nur wissen, wie *er* ins Leben erstanden sei? Doch *er*, auf seinem Gegenstand beharrend, erwiderte: dass sie ihm nicht die Wahrheit sage;
25 auf ihrem Antlitz drücke sich eine seltsame Mattigkeit aus; ihn müsse alles trügen, oder sie sei unpässlich, und leide. Die Marquise, durch die Herzlichkeit, womit er dies vorbrachte, gut gestimmt, versetzte: Nun ja; diese Mattigkeit, wenn er wolle, könne für die Spur einer Kränklichkeit
30 gelten, an welcher sie vor einigen Wochen gelitten hätte; sie fürchte inzwischen nicht, dass diese weiter von Folgen sein würde. Worauf er, mit einer aufflammenden Freude, erwiderte: Er auch nicht!, und hinzusetzte, ob sie ihn heiraten wolle? Die Marquise wusste nicht, was sie von dieser
35 Aufführung[1] denken solle. Sie sah, über und über rot, ihre Mutter, und diese, mit Verlegenheit, den Sohn und den Vater an; während der Graf vor die Marquise trat, und indem er ihre Hand nahm, als ob er sie küssen wollte,

---

[1] hier: Verhalten

wiederholte: ob sie ihn verstanden hätte? Der Kommandant sagte: ob er nicht Platz nehmen wolle; und setzte ihm, auf eine verbindliche, obschon etwas ernsthafte, Art einen Stuhl hin. Die Obristin sprach: In der Tat, wir werden glauben, dass Sie ein Geist sind, bis Sie uns werden eröff- 5 net haben, wie Sie aus dem Grabe, in welches man Sie zu P... gelegt hatte, erstanden sind. Der Graf setzte sich, indem er die Hand der Dame fahren ließ, nieder, und sagte, dass er, durch die Umstände gezwungen, sich sehr kurz fassen müsse; dass er, tödlich durch die Brust geschossen, 10 nach P... gebracht worden wäre; dass er mehrere Monate daselbst an seinem Leben verzweifelt hätte; dass währenddessen die Frau Marquise sein einziger Gedanke gewesen wäre; dass er die Lust und den Schmerz nicht beschreiben könnte, die sich in dieser Vorstellung umarmt 15 hätten; dass er endlich, nach seiner Wiederherstellung, wieder zur Armee gegangen wäre; dass er daselbst die lebhafteste Unruhe empfunden hätte; dass er mehrere Male die Feder ergriffen, um in einem Briefe, an den Herrn Obristen und die Frau Marquise, seinem Herzen Luft zu 20 machen; dass er plötzlich mit Depeschen[1] nach Neapel geschickt worden wäre; dass er nicht wisse, ob er nicht von dort weiter nach Konstantinopel werde abgeordert werden; dass er vielleicht gar nach St. Petersburg[2] werde gehen müssen; dass ihm inzwischen unmöglich wäre, län- 25 ger zu leben, ohne über eine notwendige Forderung seiner Seele ins Reine zu sein; dass er dem Drang bei seiner Durchreise durch M..., einige Schritte zu diesem Zweck zu tun, nicht habe widerstehen können; kurz, dass er den Wunsch hege, mit der Hand der Frau Marquise beglückt 30 zu werden, und dass er auf das Ehrfurchtsvollste, Inständigste und Dringendste bitte, sich ihm hierüber gütig zu erklären[3]. – Der Kommandant, nach einer langen Pause, erwiderte: dass ihm dieser Antrag zwar, wenn er, wie er nicht zweifle, ernsthaft gemeint sei, sehr schmeichelhaft 35 wäre. Bei dem Tode ihres Gemahls, des Marquis von O...,

---

[1] veraltete Bezeichnung für „Eilnachrichten"
[2] Städte, die zum Gebiet der Koalition gehörten
[3] die Güte zu haben, eine Entscheidung zu treffen

hätte sich seine Tochter aber entschlossen, in keine zweite Vermählung einzugehen. Da ihr jedoch kürzlich von ihm eine so große Verbindlichkeit[1] auferlegt worden sei: so wäre es nicht unmöglich, dass ihr Entschluss dadurch,
5 seinen Wünschen gemäß, eine Abänderung erleide; er bitte sich inzwischen die Erlaubnis für sie aus, darüber im Stillen während einiger Zeit nachdenken zu dürfen. Der Graf versicherte, dass diese gütige Erklärung zwar alle seine Hoffnungen befriedige; dass sie ihn, unter anderen
10 Umständen, auch völlig beglücken würde; dass er die ganze Unschicklichkeit fühle, sich mit derselben nicht zu beruhigen; dass dringende Verhältnisse jedoch, über welche er sich näher auszulassen nicht imstande sei, ihm eine bestimmtere Erklärung äußerst wünschenswert machten;
15 dass die Pferde, die ihn nach Neapel tragen sollten, vor seinem Wagen stünden; und dass er inständigst bitte, wenn irgendetwas in diesem Hause günstig für ihn spreche, – wobei er die Marquise ansah – ihn nicht, ohne eine gütige Äußerung darüber, abreisen zu lassen. Der Obrist,
20 durch diese Aufführung ein wenig betreten, antwortete, dass die Dankbarkeit, die die Marquise für ihn empfände, ihn zwar zu großen Voraussetzungen berechtige: doch nicht zu so großen; sie werde bei einem Schritte, bei welchem es das Glück ihres Lebens gelte, nicht ohne die ge-
25 hörige Klugheit verfahren. Es wäre unerlasslich, dass seiner Tochter, bevor sie sich erkläre, das Glück seiner näheren Bekanntschaft würde. Er lade ihn ein, nach Vollendung seiner Geschäftsreise, nach M... zurückzukehren, und auf einige Zeit der Gast seines Hauses zu sein. Wenn
30 alsdann die Frau Marquise hoffen könne, durch ihn glücklich zu werden, so werde auch er, eher aber nicht, mit Freuden vernehmen, dass sie ihm eine bestimmte Antwort gegeben habe. Der Graf äußerte, indem ihm eine Röte ins Gesicht stieg, dass er seinen ungeduldigen Wünschen,
35 während seiner ganzen Reise, dies Schicksal vorausgesagt habe; dass er sich inzwischen dadurch in die äußerste Bekümmernis gestürzt sehe; dass ihm, bei der ungünstigen Rolle, die er eben jetzt zu spielen gezwungen sei, eine

---

[1]   moralische Verpflichtung

nähere Bekanntschaft nicht anders als vorteilhaft sein könne; dass er für seinen Ruf, wenn anders[1] diese zweideu-
tigste aller Eigenschaften in Erwägung gezogen werden
solle, einstehen zu dürfen glaube; dass die einzige nichtswürdige Handlung, die er in seinem Leben begangen hät- 5
te, der Welt unbekannt, und er schon im Begriff sei, sie
wiedergutzumachen; dass er, mit einem Wort, ein ehr-
licher Mann sei, und die Versicherung anzunehmen bitte,
dass diese Versicherung wahrhaftig sei. – Der Kommandant erwiderte, indem er ein wenig, obschon ohne Ironie, 10
lächelte, dass er alle diese Äußerungen unterschreibe.
Noch hätte er keines jungen Mannes Bekanntschaft gemacht, der, in so kurzer Zeit, so viele vortreffliche Eigenschaften des Charakters entwickelt hätte. Er glaube fast,
dass eine kurze Bedenkzeit die Unschlüssigkeit, die noch 15
obwalte, heben[2] würde; bevor er jedoch Rücksprache genommen hätte, mit seiner sowohl, als des Herrn Grafen
Familie, könne keine andere Erklärung, als die gegebene,
erfolgen. Hierauf äußerte der Graf, dass er ohne Eltern
und frei sei. Sein Onkel sei der General K...[3], für dessen 20
Einwilligung er stehe. Er setzte hinzu, dass er Herr eines
ansehnlichen Vermögens wäre, und sich würde entschlie-
ßen können, Italien zu seinem Vaterlande zu machen. –
Der Kommandant machte ihm eine verbindliche Verbeu-
gung, erklärte seinen Willen noch einmal; und bat ihn, bis 25
nach vollendeter Reise, von dieser Sache abzubrechen[4].
Der Graf, nach einer kurzen Pause, in welcher er alle
Merkmale der größten Unruhe gegeben hatte, sagte, indem er sich zur Mutter wandte, dass er sein Äußerstes
getan hätte, um dieser Geschäftsreise auszuweichen; dass 30
die Schritte, die er deshalb beim General en Chef[5], und
dem General K..., seinem Onkel, gewagt hätte, die ent-
scheidendsten gewesen wären, die sich hätten tun lassen;
dass man aber geglaubt hätte, ihn dadurch aus einer

---

[1] sofern
[2] beheben, beseitigen
[3] Gemeint ist der russische General Korsakow, der 1799 sein Hauptquartier in Zürich aufgeschlagen hatte.
[4] aufzuhören, Abstand zu nehmen
[5] oberster Befehlshaber

Schwermut aufzurütteln, die ihm von seiner Krankheit noch zurückgeblieben wäre; und dass er sich jetzt völlig dadurch ins Elend gestürzt sehe. – Die Familie wusste nicht, was sie zu dieser Äußerung sagen sollte. Der Graf
5 fuhr fort, indem er sich die Stirn rieb, dass wenn irgend Hoffnung wäre, dem Ziele seiner Wünsche dadurch näher zu kommen, er seine Reise auf einen Tag, auch wohl noch etwas darüber, aussetzen würde, um es zu versuchen. – Hierbei sah er, nach der Reihe, den Kommandanten, die
10 Marquise und die Mutter an. Der Kommandant blickte missvergnügt vor sich nieder, und antwortete ihm nicht. Die Obristin sagte: Gehn Sie, gehn Sie, Herr Graf; reisen Sie nach Neapel; schenken Sie uns, wenn Sie wiederkehren, auf einige Zeit das Glück Ihrer Gegenwart; so wird
15 sich das Übrige finden. – Der Graf saß einen Augenblick, und schien zu suchen, was er zu tun habe. Drauf, indem er sich erhob, und seinen Stuhl wegsetzte: da er die Hoffnungen, sprach er, mit denen er in dies Haus getreten sei, als übereilt erkennen müsse, und die Familie, wie er nicht
20 missbillige, auf eine nähere Bekanntschaft bestehe: so werde er seine Depeschen, zu einer anderweitigen Expedition[1], nach Z...[2], in das Hauptquartier, zurückschicken, und das gütige Anerbieten, der Gast dieses Hauses zu sein, auf einige Wochen annehmen. Worauf er noch, den Stuhl in
25 der Hand, an der Wand stehend, einen Augenblick verharrte, und den Kommandanten ansah. Der Kommandant versetzte, dass es ihm äußerst leidtun würde, wenn die Leidenschaft, die er zu seiner Tochter gefasst zu haben scheine, ihm Unannehmlichkeiten von der ernsthaftesten
30 Art zuzöge: dass er indessen wissen müsse, was er zu tun und zu lassen habe, die Depeschen abschicken, und die für ihn bestimmten Zimmer beziehen möchte. Man sah ihn bei diesen Worten sich entfärben, der Mutter ehrerbietig die Hand küssen, sich gegen die Übrigen verneigen
35 und sich entfernen.

---

[1]   hier: Auftrag
[2]   Gemeint ist das Hauptquartier des russischen Generals Korsakow in Zürich (vgl. Anm. 3, S. 15).

Als er das Zimmer verlassen hatte, wusste die Familie
nicht, was sie aus dieser Erscheinung machen solle. Die
Mutter sagte, es wäre wohl nicht möglich, dass er Depeschen, mit denen er nach Neapel ginge, nach Z... zurückschicken wolle, bloß, weil es ihm nicht gelungen wäre, auf 5
seiner Durchreise durch M..., in einer fünf Minuten langen
Unterredung, von einer ihm ganz unbekannten Dame ein
Jawort zu erhalten. Der Forstmeister äußerte, dass eine so
leichtsinnige Tat ja mit nichts Geringerem, als Festungsar-
rest, bestraft werden würde! Und Kassation[1] obenein, 10
setzte der Kommandant hinzu. Es habe aber damit keine
Gefahr, fuhr er fort. Es sei ein bloßer Schreckschuss beim
Sturm; er werde sich wohl noch, ehe er die Depeschen
abgeschickt, wieder besinnen. Die Mutter, als sie von dieser Gefahr unterrichtet ward, äußerte die lebhafteste Be- 15
sorgnis, dass er sie abschicken werde. Sein heftiger, auf
einen Punkt hintreibender Wille, meinte sie, scheine ihr
grade einer solchen Tat fähig. Sie bat den Forstmeister auf
das Dringendste, ihm sogleich nachzugehen, und ihn von
einer so unglückdrohenden Handlung abzuhalten. Der 20
Forstmeister erwiderte, dass ein solcher Schritt gerade das
Gegenteil bewirken, und ihn nur in der Hoffnung, durch
seine Kriegslist zu siegen, bestärken würde. Die Marquise
war derselben Meinung, obschon sie versicherte, dass
ohne ihn die Absendung der Depeschen unfehlbar erfol- 25
gen würde, indem er lieber werde unglücklich werden, als
sich eine Blöße geben wollen. Alle kamen darin überein,
dass sein Betragen sehr sonderbar sei, und dass er Damen-
herzen durch Anlauf, wie Festungen, zu erobern gewohnt
scheine. In diesem Augenblick bemerkte der Komman- 30
dant den angespannten Wagen des Grafen vor seiner Tür.
Er rief die Familie ans Fenster, und fragte einen eben ein-
tretenden Bedienten, erstaunt, ob der Graf noch im Hause
sei? Der Bediente antwortete, dass er unten, in der Dome-
stikenstube[2], in Gesellschaft eines Adjutanten[3], Briefe 35

---

[1] unehrenhafte Entlassung aus dem Militärdienst
[2] Raum für das Dienstpersonal; Domestik = veraltete Bezeichnung
     für „Dienstbote"
[3] Adjutant: einem höheren Offizier beigeordneter Offizier, Helfer des
     Kommandeurs

schreibe und Pakete versiegle. Der Kommandant, der seine Bestürzung unterdrückte, eilte mit dem Forstmeister hinunter, und fragte den Grafen, da er ihn auf dazu nicht schicklichen Tischen seine Geschäfte betreiben sah, ob er
5 nicht in seine Zimmer treten wolle? Und ob er sonst irgendetwas befehle? Der Graf erwiderte, indem er mit Eilfertigkeit fortschrieb, dass er untertänigst danke, und dass sein Geschäft abgemacht sei; fragte noch, indem er den Brief zusiegelte, nach der Uhr; und wünschte dem
10 Adjutanten, nachdem er ihm das ganze Portefeuille[1] übergeben hatte, eine glückliche Reise. Der Kommandant, der seinen Augen nicht traute, sagte, indem der Adjutant zum Hause hinausging: Herr Graf, wenn Sie nicht sehr wichtige Gründe haben – Entscheidende!, fiel ihm der Graf ins
15 Wort; begleitete den Adjutanten zum Wagen, und öffnete ihm die Tür. In diesem Fall würde ich wenigstens, fuhr der Kommandant fort, die Depeschen – Es ist nicht möglich, antwortete der Graf, indem er den Adjutanten in den Sitz hob. Die Depeschen gelten nichts in Neapel ohne mich.
20 Ich habe auch daran gedacht. Fahr zu! – Und die Briefe Ihres Herrn Onkels?, rief der Adjutant, sich aus der Tür hervorbeugend. Treffen mich, erwiderte der Graf, in M... Fahr zu, sagte der Adjutant, und rollte mit dem Wagen dahin.
25 Hierauf fragte der Graf F..., indem er sich zum Kommandanten wandte, ob er ihm gefälligst[2] sein Zimmer anweisen lassen wolle? Er würde gleich selbst die Ehre haben, antwortete der verwirrte Obrist; rief seinen und des Grafen Leuten, das Gepäck desselben aufzunehmen: und
30 führte ihn in die für fremden Besuch bestimmten Gemächer des Hauses, wo er sich ihm mit einem trocknen Gesicht empfahl. Der Graf kleidete sich um; verließ das Haus, um sich bei dem Gouverneur des Platzes zu melden, und für den ganzen weiteren Rest des Tages im Hause unsicht-
35 bar, kehrte er erst kurz vor der Abendtafel dahin zurück.

---

[1] Brieftasche in ihrer ursprünglichen Bedeutung: Mappe zur Beförderung von Schriftstücken
[2] veraltete Bezeichnung für „bitte"

Inzwischen war die Familie in der lebhaftesten Unruhe. Der Forstmeister erzählte, wie bestimmt, auf einige Vorstellungen des Kommandanten, des Grafen Antworten ausgefallen wären; meinte, dass sein Verhalten einem völlig überlegten Schritt ähnlich sehe; und fragte, in aller Welt, nach den Ursachen einer so auf Kurierpferden gehenden Bewerbung. Der Kommandant sagte, dass er von der Sache nichts verstehe, und forderte die Familie auf, davon weiter nicht in seiner Gegenwart zu sprechen. Die Mutter sah alle Augenblicke aus dem Fenster, ob er nicht kommen, seine leichtsinnige Tat bereuen, und wiedergutmachen werde. Endlich, da es finster ward, setzte sie sich zur Marquise nieder, welche, mit vieler Emsigkeit, an einem Tisch arbeitete, und das Gespräch zu vermeiden schien. Sie fragte sie halblaut, während der Vater auf und nieder ging, ob sie begreife, was aus dieser Sache werden solle? Die Marquise antwortete, mit einem schüchtern nach dem Kommandanten gewandten Blick: Wenn der Vater bewirkt hätte, dass er nach Neapel gereist wäre, so wäre alles gut. Nach Neapel!, rief der Kommandant, der dies gehört hatte. Sollt ich den Priester holen lassen? Oder hätt ich ihn schließen lassen und arretieren, und mit Bewachung nach Neapel schicken sollen? – Nein, antwortete die Marquise, aber lebhafte und eindringliche Vorstellungen tun ihre Wirkung; und sah, ein wenig unwillig, wieder auf ihre Arbeit nieder. – Endlich gegen die Nacht erschien der Graf. Man erwartete nur, nach den ersten Höflichkeitsbezeugungen, dass dieser Gegenstand zur Sprache kommen würde, um ihn mit vereinter Kraft zu bestürmen, den Schritt, den er gewagt hatte, wenn es noch möglich sei, wieder zurückzunehmen. Doch vergebens, während der ganzen Abendtafel, erharrte man diesen Augenblick. Geflissentlich alles, was darauf führen konnte, vermeidend, unterhielt er den Kommandanten vom Kriege, und den Forstmeister von der Jagd. Als er des Gefechts bei P..., in welchem er verwundet worden war, erwähnte, verwickelte ihn die Mutter bei der Geschichte seiner Krankheit, fragte ihn, wie es ihm an diesem kleinen Orte ergangen sei, und ob er die gehörigen Bequemlichkeiten gefunden hätte. Hierauf erzählte er mehrere, durch seine Leiden-

schaft zur Marquise interessanten, Züge: wie sie beständig, während seiner Krankheit, an seinem Bette gesessen
hätte; wie er die Vorstellung von ihr, in der Hitze des
Wundfiebers, immer mit der Vorstellung eines Schwans
5 verwechselt hätte, den er, als Knabe, auf seines Onkels
Gütern gesehen; dass ihm besonders eine Erinnerung rüh-
rend gewesen wäre, da er diesen Schwan einst mit Kot[1]
beworfen, worauf dieser still untergetaucht, und rein aus
der Flut wieder emporgekommen sei; dass sie immer auf
10 feurigen Fluten umhergeschwommen wäre, und er Thin-
ka gerufen hätte, welches der Name jenes Schwans gewesen, dass er aber nicht imstande gewesen wäre, sie an sich
zu locken, indem sie ihre Freude gehabt hätte, bloß am
Rudern und In-die-Brust-sich-Werfen; versicherte plötz-
15 lich, blutrot im Gesicht, dass er sie außerordentlich liebe;
sah wieder auf seinen Teller nieder, und schwieg. Man
musste endlich von der Tafel aufstehen; und da der Graf,
nach einem kurzen Gespräch mit der Mutter, sich sogleich
gegen die Gesellschaft verneigte, und wieder in sein Zim-
20 mer zurückzog: so standen die Mitglieder derselben wieder, und wussten nicht, was sie denken sollten. Der Kommandant meinte: Man müsse der Sache ihren Lauf lassen.
Er rechne wahrscheinlich auf seine Verwandten bei diesem Schritte. Infame[2] Kassation stünde sonst darauf. Frau
25 von G... fragte ihre Tochter, was sie denn von ihm halte?
Und ob sie sich wohl zu irgendeiner Äußerung, die ein
Unglück vermiede, würde verstehen können? Die Marquise antwortete: Liebste Mutter! Das ist nicht möglich. Es
tut mir leid, dass meine Dankbarkeit auf eine so harte
30 Probe gestellt wird. Doch es war mein Entschluss, mich
nicht wieder zu vermählen; ich mag mein Glück nicht,
und nicht so unüberlegt, auf ein zweites Spiel setzen. Der
Forstmeister bemerkte, dass wenn dies ihr fester Wille
wäre, auch *diese* Erklärung ihm Nutzen schaffen könne,
35 und dass es fast notwendig scheine, ihm irgend*eine* bestimmte zu geben. Die Obristin versetzte, dass da dieser
junge Mann, den so viele außerordentliche Eigenschaften

---

[1] hier: Schmutz
[2] infam: abscheulich, niederträchtig

empföhlen, seinen Aufenthalt in Italien nehmen zu wollen, erklärt habe, sein Antrag, nach ihrer Meinung, einige Rücksicht, und der Entschluss der Marquise Prüfung verdiene. Der Forstmeister, indem er sich bei ihr niederließ, fragte, wie er ihr denn, was seine Person anbetreffe, gefalle? Die Marquise antwortete, mit einiger Verlegenheit: Er gefällt und missfällt mir; und berief sich auf das Gefühl der anderen. Die Obristin sagte: Wenn er von Neapel zurückkehrt, und die Erkundigungen, die wir inzwischen über ihn einziehen könnten, dem Gesamteindruck, den du von ihm empfangen hast, nicht widersprächen: wie würdest du dich, falls er alsdann seinen Antrag wiederholte, erklären? In diesem Fall, versetzte die Marquise, würd ich – da in der Tat seine Wünsche so lebhaft scheinen, diese Wünsche – sie stockte, und ihre Augen glänzten, indem sie dies sagte – um der Verbindlichkeit willen, die ich ihm schuldig bin, erfüllen. Die Mutter, die eine zweite Vermählung ihrer Tochter immer gewünscht hatte, hatte Mühe, ihre Freude über diese Erklärung zu verbergen, und sann, was sich wohl daraus machen lasse. Der Forstmeister sagte, indem er unruhig vom Sitz wieder aufstand, dass wenn die Marquise irgend an die Möglichkeit denke, ihn einst mit ihrer Hand zu erfreuen, jetzt gleich notwendig ein Schritt dazu geschehen müsse, um den Folgen seiner rasenden Tat vorzubeugen. Die Mutter war derselben Meinung, und behauptete, dass zuletzt das Wagstück nicht allzu groß wäre, indem bei so vielen vortrefflichen Eigenschaften, die er in jener Nacht, da das Fort von den Russen erstürmt ward, entwickelte, kaum zu fürchten sei, dass sein übriger Lebenswandel ihnen nicht entsprechen sollte. Die Marquise sah, mit dem Ausdruck der lebhaftesten Unruhe, vor sich nieder. Man könnte ihm ja, fuhr die Mutter fort, indem sie ihre Hand ergriff, etwa eine Erklärung, dass du, bis zu seiner Rückkehr von Neapel, in keine andere Verbindung eingehen wollest, zukommen lassen. Die Marquise sagte: *Diese* Erklärung, liebste Mutter, kann ich ihm geben; ich fürchte nur, dass sie ihn nicht beruhigen, und uns verwickeln wird. Das sei meine Sorge!, erwiderte die Mutter, mit lebhafter Freude; und sah sich nach dem Kommandanten um. Lorenzo!, fragte sie,

was meinst du?, und machte Anstalten, sich vom Sitz zu erheben. Der Kommandant, der alles gehört hatte, stand am Fenster, sah auf die Straße hinaus, und sagte nichts. Der Forstmeister versicherte, dass er, mit dieser unschäd-
5 lichen Erklärung, den Grafen aus dem Hause zu schaffen, sich anheischig[1] mache. Nun so macht! Macht! Macht!, rief der Vater, indem er sich umkehrte: ich muss mich diesem Russen schon zum zweiten Mal ergeben! – Hierauf sprang die Mutter auf, küsste ihn und die Tochter, und fragte,
10 indem der Vater über ihre Geschäftigkeit lächelte, wie man dem Grafen jetzt diese Erklärung augenblicklich hinterbringen[2] solle? Man beschloss, auf den Vorschlag des Forstmeisters, ihn bitten zu lassen, sich, falls er noch nicht entkleidet sei, gefälligst auf einen Augenblick zur Familie
15 zu verfügen. Er werde gleich die Ehre haben zu erscheinen!, ließ der Graf antworten, und kaum war der Kammerdiener mit dieser Meldung zurück, als er schon selbst, mit Schritten, die die Freude beflügelte, ins Zimmer trat, und zu den Füßen der Marquise, in der allerlebhaftesten
20 Rührung niedersank. Der Kommandant wollte etwas sagen, doch er, indem er aufstand, versetzte, er wisse genug!, küsste ihm und der Mutter die Hand, umarmte den Bruder, und bat nur um die Gefälligkeit, ihm sogleich zu einem Reisewagen zu verhelfen. Die Marquise, obschon
25 von diesem Auftritt bewegt, sagte doch: Ich fürchte nicht, Herr Graf, dass Ihre rasche Hoffnung Sie zu weit – Nichts! Nichts!, versetzte der Graf; es ist nichts geschehen, wenn die Erkundigungen, die Sie über mich einziehen mögen, dem Gefühl widersprechen, das mich zu Ihnen in dies
30 Zimmer zurückberief. Hierauf umarmte der Kommandant ihn auf das Herzlichste, der Forstmeister bot ihm sogleich seinen eigenen Reisewagen an, ein Jäger[3] flog auf die Post, Kurierpferde auf Prämien[4] zu bestellen, und Freude war bei dieser Abreise, wie noch niemals bei einem
35 Empfang. Er hoffe, sagte der Graf, die Depeschen in B…

---

[1] sich anbieten bzw. verpflichten, etwas zu tun
[2] übermitteln, überbringen, zutragen
[3] hier: Bote in der Tracht eines Jägers
[4] hier: Kaution

einzuholen, von wo er jetzt einen näheren Weg nach Neapel, als über M... einschlagen würde; in Neapel würde er
sein Möglichstes tun, die fernere Geschäftsreise nach Konstantinopel abzulehnen; und da er, auf den äußersten Fall,
entschlossen wäre, sich krank anzugeben, so versicherte 5
er, dass wenn nicht unvermeidliche Hindernisse ihn ab-
hielten, er in Zeit von vier bis sechs Wochen unfehlbar
wieder in M... sein würde. Hierauf meldete sein Jäger, dass
der Wagen angespannt, und alles zur Abreise bereit sei.
Der Graf nahm seinen Hut, trat vor die Marquise, und 10
ergriff ihre Hand. Nun denn, sprach er, Julietta, so bin ich
einigermaßen beruhigt; und legte seine Hand in die ihrige;
obschon es mein sehnlichster Wunsch war, mich noch vor
meiner Abreise mit Ihnen zu vermählen. Vermählen!, riefen alle Mitglieder der Familie aus. Vermählen, wiederhol- 15
te der Graf, küsste der Marquise die Hand, und versicherte, da diese fragte, ob er von Sinnen sei: es würde ein Tag
kommen, wo sie ihn verstehen würde! Die Familie wollte
auf ihn böse werden; doch er nahm gleich auf das Wärmste
von allen Abschied, bat sie, über diese Äußerung nicht 20
weiter nachzudenken, und reiste ab.
Mehrere Wochen, in welchen die Familie, mit sehr verschiedenen Empfindungen, auf den Ausgang dieser sonderbaren Sache gespannt war, verstrichen. Der Kommandant empfing vom General K..., dem Onkel des Grafen, 25
eine höfliche Zuschrift; der Graf selbst schrieb aus Neapel;
die Erkundigungen, die man über ihn einzog, sprachen
ziemlich zu seinem Vorteil; kurz, man hielt die Verlobung
schon für so gut, wie abgemacht; als sich die Kränklich-
keiten der Marquise, mit größerer Lebhaftigkeit, als jemals, 30
wieder einstellten. Sie bemerkte eine unbegreifliche Veränderung ihrer Gestalt. Sie entdeckte sich mit völliger Frei-
mütigkeit ihrer Mutter, und sagte, sie wisse nicht, was sie
von ihrem Zustand denken solle. Die Mutter, welche so
sonderbare Zufälle[1] für die Gesundheit ihrer Tochter äu- 35
ßerst besorgt machten, verlangte, dass sie einen Arzt zu-
rate ziehe. Die Marquise, die durch ihre Natur zu siegen
hoffte, sträubte sich dagegen; sie brachte mehrere Tage

---

[1] hier: Symptome von Unwohlsein

noch, ohne dem Rat der Mutter zu folgen, unter den emp-
findlichsten Leiden zu: bis Gefühle, immer wiederkehrend
und von so wunderbarer Art, sie in die lebhafteste Unruhe
stürzten. Sie ließ einen Arzt rufen, der das Vertrauen ihres
5 Vaters besaß, nötigte ihn, da gerade die Mutter abwesend
war, auf den Diwan[1] nieder, und eröffnete ihm, nach einer
kurzen Einleitung, scherzend, was sie von sich glaube. Der
Arzt warf einen forschenden Blick auf sie; schwieg noch,
nachdem er eine genaue Untersuchung vollendet hatte,
10 eine Zeit lang: und antwortete dann mit einer sehr ernst-
haften Miene, dass die Frau Marquise ganz richtig urteile.
Nachdem er sich auf die Frage der Dame, wie er dies verstehe, ganz deutlich erklärt, und mit einem Lächeln, das er
nicht unterdrücken konnte, gesagt hatte, dass sie ganz ge-
15 sund sei, und keinen Arzt brauche, zog die Marquise, und
sah ihn sehr streng von der Seite an, die Klingel, und bat
ihn, sich zu entfernen. Sie äußerte halblaut, als ob er der
Rede nicht wert wäre, vor sich nieder murmelnd: dass sie
nicht Lust hätte, mit ihm über Gegenstände dieser Art zu
20 scherzen. Der Doktor erwiderte empfindlich: Er müsse
wünschen, dass sie immer zum Scherz so wenig aufgelegt
gewesen wäre, wie jetzt; nahm Stock und Hut, und machte
Anstalten, sich sogleich zu empfehlen. Die Marquise versicherte, dass sie von diesen Beleidigungen ihren Vater
25 unterrichten würde. Der Arzt antwortete, dass er seine
Aussage vor Gericht beschwören könne: öffnete die Tür,
verneigte sich, und wollte das Zimmer verlassen. Die Marquise fragte, da er noch einen Handschuh, den er hatte
fallen lassen, von der Erde aufnahm: Und die Möglichkeit
30 davon, Herr Doktor? Der Doktor erwiderte, dass er ihr die
letzten Gründe der Dinge nicht werde zu erklären brauchen; verneigte sich ihr noch einmal, und ging ab.
Die Marquise stand, wie vom Donner gerührt. Sie raffte
sich auf, und wollte zu ihrem Vater eilen; doch der son-
35 derbare Ernst des Mannes, von dem sie sich beleidigt sah,
lähmte alle ihre Glieder. Sie warf sich in der größten Bewegung[2] auf den Diwan nieder. Sie durchlief, gegen sich

---

[1]   niedriges Liegesofa ohne Rückenlehne
[2]   hier: Erregung

selbst misstrauisch, alle Momente des verflossenen Jahres, und hielt sich für verrückt, wenn sie an den letzten dachte. Endlich erschien die Mutter; und auf die bestürzte Frage, warum sie so unruhig sei?, erzählte ihr die Tochter, was ihr der Arzt soeben eröffnet hatte. Frau von G... nannte ihn einen Unverschämten und Nichtswürdigen, und bestärkte die Tochter in dem Entschluss, diese Beleidigung dem Vater zu entdecken. Die Marquise versicherte, dass es sein völliger Ernst gewesen sei, und dass er entschlossen scheine, dem Vater ins Gesicht seine rasende Behauptung zu wiederholen. Frau von G... fragte, nicht wenig erschrocken, ob sie denn an die Möglichkeit eines solchen Zustandes glaube? Eher, antwortete die Marquise, dass die Gräber befruchtet werden, und sich dem Schoße der Leichen eine Geburt entwickeln wird! Nun, du liebes wunderliches Weib, sagte die Obristin, indem sie sie fest an sich drückte: Was beunruhigt dich denn? Wenn dein Bewusstsein dich rein spricht: wie kann dich ein Urteil, und wäre es das einer ganzen Konsulta[1] von Ärzten, nur kümmern? Ob das seinige aus Irrtum, ob es aus Bosheit entsprang: gilt es dir nicht völlig gleichviel? Doch schicklich ist es, dass wir es dem Vater entdecken. – O Gott!, sagte die Marquise, mit einer konvulsivischen[2] Bewegung: Wie kann ich mich beruhigen. Hab ich nicht mein eignes, innerliches, mir nur allzu wohlbekanntes Gefühl gegen mich? Würd ich nicht, wenn ich in einer andern meine Empfindung wüsste, von ihr selbst urteilen, dass es damit seine Richtigkeit habe? Es ist entsetzlich, versetzte die Obristin. Bosheit! Irrtum!, fuhr die Marquise fort. Was kann dieser Mann, der uns bis auf den heutigen Tag schätzenswürdig erschien, für Gründe haben, mich auf eine so mutwillige und niederträchtige Art zu kränken? Mich, die ihn nie beleidigt hatte? Die ihn mit Vertrauen, und dem Vorgefühl zukünftiger Dankbarkeit, empfing? Bei der er, wie seine ersten Worte zeugten, mit dem reinen und unverfälschten Willen erschien, zu helfen, nicht Schmerzen, grimmigere, als ich empfand, erst zu erregen? Und wenn

---

[1] beratschlagende Gruppe
[2] krampfhaft (zuckend)

ich in der Notwendigkeit der Wahl, fuhr sie fort, während
die Mutter sie unverwandt ansah, an einen Irrtum glauben wollte: Ist es wohl möglich, dass ein Arzt, auch nur
von mittelmäßiger Geschicklichkeit, in solchem Falle irre?
5 – Die Obristin sagte ein wenig spitz: Und gleichwohl muss
es doch notwendig eins oder das andere gewesen sein. Ja!,
versetzte die Marquise, meine teuerste Mutter, indem sie
ihr, mit dem Ausdruck der gekränkten Würde, hochrot im
Gesicht glühend, die Hand küsste: Das muss es! Obschon
10 die Umstände so außerordentlich sind, dass es mir erlaubt
ist, daran zu zweifeln. Ich schwöre, weil es doch einer
Versicherung bedarf, dass mein Bewusstsein, gleich dem
meiner Kinder ist; nicht reiner, Verehrungswürdigste,
kann das Ihrige sein. Gleichwohl bitte ich Sie, mir eine
15 Hebamme rufen zu lassen, damit ich mich von dem, was
ist, überzeuge, und gleichviel alsdann, *was* es sei, beruhige. Eine Hebamme!, rief Frau von G... mit Entwürdigung[1].
Ein reines Bewusstsein, und eine Hebamme! Und die
Sprache ging ihr aus. Eine Hebamme, meine teuerste Mut-
20 ter, wiederholte die Marquise, indem sie sich auf Knien
vor ihr niederließ; und das augenblicklich, wenn ich nicht
wahnsinnig werden soll. O sehr gern, versetzte die Obristin; nur bitte ich, das Wochenlager[2] nicht in meinem Hause zu halten. Und damit stand sie auf, und wollte das
25 Zimmer verlassen. Die Marquise, ihr mit ausgebreiteten
Armen folgend, fiel ganz auf das Gesicht nieder, und umfasste ihre Knie. Wenn irgendein unsträfliches Leben, rief
sie, mit der Beredsamkeit des Schmerzes, ein Leben, nach
Ihrem Muster geführt, mir ein Recht auf Ihre Achtung
30 gibt, wenn irgendein mütterliches Gefühl auch nur, solange meine Schuld nicht sonnenklar entschieden ist, in Ihrem Busen für mich spricht: so verlassen Sie mich in diesen
entsetzlichen Augenblicken nicht. – Was ist es, das dich
beunruhigt?, fragte die Mutter. Ist es weiter nichts, als der
35 Ausspruch des Arztes? Weiter nichts, als dein innerliches

---

[1] Entrüstung
[2] Wochenbett; Bezeichnung für die ersten Tage bzw. Wochen unmittelbar nach der Entbindung, die die junge Mutter (überwiegend) im
Bett verbringt, um sich von der Anstrengung zu erholen

Gefühl? Nichts weiter, meine Mutter, versetzte die Marquise, und legte ihre Hand auf die Brust. Nichts, Julietta?, fuhr die Mutter fort. Besinne dich. Ein Fehltritt, so unsäglich er mich schmerzen würde, er ließe sich, und ich müsste ihn zuletzt verzeihn; doch wenn du, um einem 5 mütterlichen Verweis auszuweichen, ein Märchen von der Umwälzung der Weltordnung ersinnen, und gotteslästerliche Schwüre häufen könntest, um es meinem, dir nur allzugerngläubigen, Herzen aufzubürden: so wäre das schändlich; ich würde dir niemals wieder gut werden. – 10 Möge das Reich der Erlösung einst so offen vor mir liegen, wie meine Seele vor Ihnen, rief die Marquise. Ich verschwieg Ihnen nichts, meine Mutter. – Diese Äußerung, voll Pathos getan, erschütterte die Mutter. O Himmel!, rief sie: mein liebenswürdiges Kind! Wie rührst du mich! Und 15 hob sie auf, und küsste sie, und drückte sie an ihre Brust. Was denn, in aller Welt, fürchtest du? Komm, du bist sehr krank. Sie wollte sie in ein Bett führen. Doch die Marquise, welcher die Tränen häufig flossen, versicherte, dass sie sehr gesund wäre, und dass ihr gar nichts fehle, außer 20 jenem sonderbaren und unbegreiflichen Zustand. – Zustand!, rief die Mutter wieder; welch ein Zustand? Wenn dein Gedächtnis über die Vergangenheit so sicher ist, welch ein Wahnsinn der Furcht ergriff dich? Kann ein innerliches Gefühl denn, das doch nur dunkel sich regt, 25 nicht trügen? Nein! Nein!, sagte die Marquise, es trügt mich nicht! Und wenn Sie die Hebamme rufen lassen wollen, so werden Sie hören, dass das Entsetzliche, mich Vernichtende, wahr ist. – Komm, meine liebste Tochter, sagte Frau von G..., die für ihren Verstand zu fürchten anfing. 30 Komm, folge mir, und lege dich zu Bett. Was meintest du, dass dir der Arzt gesagt hat? Wie dein Gesicht glüht! Wie du an allen Gliedern so zitterst! Was war es schon, das dir der Arzt gesagt hat? Und damit zog sie die Marquise, ungläubig nunmehr an den ganzen Auftritt, den sie ihr 35 erzählt hatte, mit sich fort. – Die Marquise sagte: Liebe! Vortreffliche!, indem sie mit weinenden Augen lächelte. Ich bin meiner Sinne mächtig. Der Arzt hat mir gesagt, dass ich in gesegneten Leibesumständen bin. Lassen Sie die Hebamme rufen: und sobald sie sagt, dass es nicht 40

wahr ist, bin ich wieder ruhig. Gut, gut!, erwiderte die
Obristin, die ihre Angst unterdrückte. Sie soll gleich kommen; sie soll gleich, wenn du dich von ihr willst auslachen
lassen, erscheinen, und dir sagen, dass du eine Träumerin,
5 und nicht recht klug bist. Und damit zog sie die Klingel,
und schickte augenblicklich einen ihrer Leute, der die
Hebamme rufe.

Die Marquise lag noch, mit unruhig sich hebender Brust,
in den Armen ihrer Mutter, als diese Frau erschien, und
10 die Obristin ihr, an welcher seltsamen Vorstellung ihre
Tochter krank liege, eröffnete. Die Frau Marquise schwöre,
dass sie sich tugendhaft verhalten habe, und gleichwohl
halte sie, von einer unbegreiflichen Empfindung ge-
täuscht, für nötig, dass eine sachverständige Frau ihren
15 Zustand untersuche. Die Hebamme, während sie sich von
demselben unterrichtete, sprach von jungem Blut und der
Arglist der Welt; äußerte, als sie ihr Geschäft vollendet
hatte, dergleichen Fälle wären ihr schon vorgekommen;
die jungen Witwen, die in ihre Lage kämen, meinten alle
20 auf wüsten[1] Inseln gelebt zu haben; beruhigte inzwischen
die Frau Marquise, und versicherte sie, dass sich der
muntere Korsar[2], der zur Nachtzeit gelandet, schon finden
würde. Bei diesen Worten fiel die Marquise in Ohnmacht.
Die Obristin, die ihr mütterliches Gefühl nicht überwälti-
25 gen konnte, brachte sie zwar, mit Hülfe der Hebamme,
wieder ins Leben zurück. Doch die Entrüstung siegte, da
sie erwacht war. Julietta!, rief die Mutter mit dem lebhaftesten Schmerz. Willst du dich mir entdecken, willst du
den Vater mir nennen?, und schien noch zur Versöhnung
30 geneigt. Doch als die Marquise sagte, dass sie wahnsinnig
werden würde, sprach die Mutter, indem sie sich vom
Diwan erhob: Geh! Geh! Du bist nichtswürdig! Verflucht
sei die Stunde, da ich dich gebar!, und verließ das Zimmer.
35 Die Marquise, der das Tageslicht von Neuem schwinden
wollte, zog die Geburtshelferin vor sich nieder, und legte
ihr Haupt heftig zitternd an ihre Brust. Sie fragte, mit ge-

---

[1] hier: einsam, menschenleer
[2] Seeräuber, Freibeuter

brochener Stimme, wie denn die Natur auf ihren Wegen
walte? Und ob die Möglichkeit einer unwissentlichen
Empfängnis sei? – Die Hebamme lächelte, machte ihr das
Tuch los, und sagte, das würde ja doch der Frau Marquise
Fall nicht sein. Nein, nein, antwortete die Marquise, sie ₅
habe wissentlich empfangen, sie wolle nur im Allgemeinen wissen, ob diese Erscheinung im Reiche der Natur sei?
Die Hebamme versetzte, dass dies, außer der heiligen
Jungfrau, noch keinem Weibe auf Erden zugestoßen wäre.
Die Marquise zitterte immer heftiger. Sie glaubte, dass sie ₁₀
augenblicklich niederkommen würde, und bat die Geburtshelferin, indem sie sich mit krampfhafter Beängsti-
gung an sie schloss, sie nicht zu verlassen. Die Hebamme
beruhigte sie. Sie versicherte, dass das Wochenbett noch
beträchtlich entfernt wäre, gab ihr auch die Mittel an, wie ₁₅
man, in solchen Fällen, dem Leumund[1] der Welt auswei-
chen könne, und meinte, es würde noch alles gut werden.
Doch da diese Trostgründe der unglücklichen Dame völlig wie Messerstiche durch die Brust fuhren, so sammelte
sie sich, sagte, sie befände sich besser, und bat ihre Gesell- ₂₀
schafterin sich zu entfernen.
Kaum war die Hebamme aus dem Zimmer, als ihr ein
Schreiben von der Mutter gebracht ward, in welchem diese sich so ausließ: „Herr von G... wünsche, unter den ob-
waltenden Umständen, dass sie sein Haus verlasse. Er ₂₅
sende ihr hierbei die über ihr Vermögen lautenden Papiere, und hoffe, dass ihm Gott den Jammer ersparen werde, sie wiederzusehen." – Der Brief war inzwischen von
Tränen benetzt; und in einem Winkel stand ein verwisch-
tes Wort: diktiert. – Der Marquise stürzte der Schmerz aus ₃₀
den Augen. Sie ging, heftig über den Irrtum ihrer Eltern
weinend, und über die Ungerechtigkeit, zu welcher diese
vortrefflichen Menschen verführt wurden, nach den Gemächern ihrer Mutter. Es hieß, sie sei bei ihrem Vater; sie
wankte nach den Gemächern ihres Vaters. Sie sank, als sie ₃₅
die Türe verschlossen fand, mit jammernder Stimme, alle
Heiligen zu Zeugen ihrer Unschuld anrufend, vor derselben nieder. Sie mochte wohl schon einige Minuten hier

---

[1] hier: Gerede

gelegen haben, als der Forstmeister daraus hervortrat, und zu ihr mit flammendem Gesicht sagte: Sie höre, dass der Kommandant sie nicht sehen wolle. Die Marquise rief: Mein liebster Bruder! Unter vielem Schluchzen; drängte
5 sich ins Zimmer, und rief: Mein teuerster Vater!, und streckte die Arme nach ihm aus. Der Kommandant wandte ihr, bei ihrem Anblick, den Rücken zu, und eilte in sein Schlafgemach. Er rief, als sie ihn dahin verfolgte, hinweg!, und wollte die Türe zuwerfen; doch da sie, unter Jammern
10 und Flehen, dass er sie schließe, verhinderte, so gab er plötzlich nach und eilte, während die Marquise zu ihm hintrat, nach der hintern Wand. Sie warf sich ihm, der ihr den Rücken zugekehrt hatte, eben zu Füßen, und umfasste zitternd seine Knie, als ein Pistol, das er ergriffen hatte, in
15 dem Augenblick, da er es von der Wand herabriss, losging, und der Schuss schmetternd in die Decke fuhr. Herr meines Lebens!, rief die Marquise, erhob sich leichenblass von ihren Knien, und eilte aus seinen Gemächern wieder hinweg. Man soll sogleich anspannen, sagte sie, indem sie
20 in die ihrigen trat; setzte sich, matt bis in den Tod, auf einen Sessel nieder, zog ihre Kinder eilfertig an, und ließ die Sachen einpacken. Sie hatte eben ihr Kleinstes zwischen den Knien, und schlug ihm noch ein Tuch um, um nunmehr, da alles zur Abreise bereit war, in den Wagen zu
25 steigen: als der Forstmeister eintrat, und auf Befehl des Kommandanten die Zurücklassung und Überlieferung der Kinder von ihr forderte. Dieser Kinder?, fragte sie; und stand auf. Sag deinem unmenschlichen Vater, dass er kommen, und mich niederschießen, nicht aber mir meine Kin-
30 der entreißen könne! Und hob, mit dem ganzen Stolz der Unschuld gerüstet, ihre Kinder auf, trug sie, ohne dass der Bruder gewagt hätte, sie anzuhalten, in den Wagen und fuhr ab.
Durch diese schöne Anstrengung mit sich selbst bekannt
35 gemacht, hob sie sich plötzlich, wie an ihrer eigenen Hand, aus der ganzen Tiefe, in welche das Schicksal sie herabgestürzt hatte, empor. Der Aufruhr, der ihre Brust zerriss, legte sich, als sie im Freien war, sie küsste häufig die Kinder, diese ihre liebe Beute, und mit großer Selbstzufrieden-
40 heit gedachte sie, welch einen Sieg sie, durch die Kraft

ihres schuldfreien Bewusstseins, über ihren Bruder davongetragen hatte. Ihr Verstand, stark genug, in ihrer sonderbaren Lage nicht zu reißen, gab sich ganz unter der großen, heiligen und unerklärlichen Einrichtung der Welt gefangen. Sie sah die Unmöglichkeit ein, ihre Familie von ihrer Unschuld zu überzeugen, begriff, dass sie sich darüber trösten müsse, falls sie nicht untergehen wolle, und wenige Tage nur waren nach ihrer Ankunft in V... verflossen, als der Schmerz ganz und gar dem heldenmütigen Vorsatz Platz machte, sich mit Stolz gegen die Anfälle der Welt zu rüsten. Sie beschloss, sich ganz in ihr Innerstes zurückzuziehen, sich, mit ausschließendem Eifer, der Erziehung ihrer beiden Kinder zu widmen, und des Geschenks, das ihr Gott mit dem dritten gemacht hatte, mit voller mütterlichen Liebe zu pflegen. Sie machte Anstalten, in wenig Wochen, sobald sie ihre Niederkunft überstanden haben würde, ihren schönen, aber durch die lange Abwesenheit ein wenig verfallenen Landsitz wiederherzustellen; saß in der Gartenlaube, und dachte, während sie kleine Mützen, und Strümpfe für kleine Beine strickte, wie sie die Zimmer bequem verteilen würde; auch, welches sie mit Büchern füllen, und in welchem die Staffelei am schicklichsten stehen würde. Und so war der Zeitpunkt, da der Graf F... von Neapel wiederkehren sollte, noch nicht abgelaufen, als sie schon völlig mit dem Schicksal, in ewig klösterlicher Eingezogenheit zu leben, vertraut war. Der Türsteher erhielt Befehl, keinen Menschen im Hause vorzulassen. Nur der Gedanke war ihr unerträglich, dass dem jungen Wesen, das sie in der größten Unschuld und Reinheit empfangen hatte, und dessen Ursprung, eben weil er geheimnisvoller war, auch göttlicher zu sein schien, als der anderer Menschen, ein Schandfleck in der bürgerlichen Gesellschaft ankleben sollte. Ein sonderbares Mittel war ihr eingefallen, den Vater zu entdecken: ein Mittel, bei dem sie, als sie es zuerst dachte, das Strickzeug selbst vor Schrecken aus der Hand fallen ließ. Durch ganze Nächte, in unruhiger Schlaflosigkeit durchwacht, ward es gedreht und gewendet, um sich an seine ihr innerstes Gefühl verletzende, Natur zu gewöhnen. Immer noch sträubte sie sich, mit dem Menschen,

der sie so hintergangen hatte, in irgendein Verhältnis zu
treten: indem sie sehr richtig schloss, dass derselbe doch,
ohne alle Rettung, zum Auswurf seiner Gattung gehören
müsse, und, auf welchem Platz der Welt man ihn auch
5 denken wolle, nur aus dem zertretensten und unflätigsten
Schlamm derselben, hervorgegangen sein könne. Doch da
das Gefühl ihrer Selbstständigkeit immer lebhafter in ihr
ward, und sie bedachte, dass der Stein seinen Wert behält,
er mag auch eingefasst sein, wie man wolle, so griff sie
10 eines Morgens, da sich das junge Leben wieder in ihr
regte, ein Herz, und ließ jene sonderbare Aufforderung in
die Intelligenzblätter[1] von M... rücken, die man am Eingang dieser Erzählung gelesen hat.
Der Graf F..., den unvermeidliche Geschäfte in Neapel
15 aufhielten, hatte inzwischen zum zweiten Mal an die Marquise geschrieben, und sie aufgefordert, es möchten fremde Umstände eintreten, welche da wollten, ihrer, ihm gegebenen, stillschweigenden Erklärung getreu zu bleiben.
Sobald es ihm geglückt war, seine fernere Geschäftsreise
20 nach Konstantinopel abzulehnen, und es seine übrigen
Verhältnisse gestatteten, ging er augenblicklich von Neapel ab, und kam auch richtig, nur wenige Tage nach der
von ihm bestimmten Frist, in M... an. Der Kommandant
empfing ihn mit einem verlegenen Gesicht, sagte, dass ein
25 notwendiges Geschäft ihn aus dem Hause nötige, und
forderte den Forstmeister auf, ihn inzwischen zu unter-
halten. Der Forstmeister zog ihn auf sein Zimmer, und
fragte ihn, nach einer kurzen Begrüßung, ob er schon
wisse, was sich während seiner Abwesenheit in dem Hau-
30 se des Kommandanten zugetragen habe. Der Graf antwortete, mit einer flüchtigen Blässe: Nein. Hierauf unterrichtete ihn der Forstmeister von der Schande, die die
Marquise über die Familie gebracht hatte, und gab ihm
die Geschichtserzählung dessen, was unsre Leser soeben
35 erfahren haben. Der Graf schlug sich mit der Hand vor die
Stirn. Warum legte man mir so viele Hindernisse in den
Weg!, rief er in der Vergessenheit seiner. Wenn die Ver-

---

[1] zeitgenössische, regelmäßig erscheinende lokale Nachrichten- und
Anzeigenblätter

mählung erfolgt wäre: so wäre alle Schmach und jedes
Unglück uns erspart! Der Forstmeister fragte, indem er
ihn anglotzte, ob er rasend genug wäre, zu wünschen, mit
dieser Nichtswürdigen vermählt zu sein? Der Graf erwiderte, dass sie mehr wert wäre, als die ganze Welt, die sie ₅
verachtete; dass ihre Erklärung über ihre Unschuld voll-
kommnen Glauben bei ihm fände; und dass er noch heute nach V... gehen, und seinen Antrag bei ihr wiederholen
würde. Er ergriff auch sogleich seinen Hut, empfahl sich
dem Forstmeister, der ihn für seiner Sinne völlig beraubt ₁₀
hielt, und ging ab.
Er bestieg ein Pferd und sprengte nach V... hinaus. Als er
am Tore abgestiegen war, und in den Vorplatz treten
wollte, sagte ihm der Türsteher, dass die Frau Marquise
keinen Menschen spräche. Der Graf fragte, ob diese, für ₁₅
Fremde getroffene, Maßregel auch einem Freund des
Hauses gälte; worauf jener antwortete, dass er von keiner
Ausnahme wisse, und bald darauf, auf eine zweideutige
Art hinzusetzte: ob er vielleicht der Graf F... wäre? Der
Graf erwiderte, nach einem forschenden Blick, nein; und ₂₀
äußerte zu seinem Bedienten gewandt, doch so, dass jener
es hören konnte, er werde, unter solchen Umständen, in
einem Gasthofe absteigen, und sich bei der Frau Marquise
schriftlich anmelden. Sobald er inzwischen dem Türsteher
aus den Augen war, bog er um eine Ecke, und umschlich ₂₅
die Mauer eines weitläufigen Gartens, der sich hinter dem
Hause ausbreitete. Er trat durch eine Pforte, die er offen
fand, in den Garten, durchstrich die Gänge desselben, und
wollte eben die hintere Rampe hinaufsteigen, als er, in
einer Laube, die zur Seite lag, die Marquise, in ihrer lieb- ₃₀
lichen und geheimnisvollen Gestalt, an einem kleinen
Tischchen emsig arbeiten sah. Er näherte sich ihr so, dass
sie ihn nicht früher erblicken konnte, als bis er am Eingang
der Laube, drei kleine Schritte von ihren Füßen, stand. Der
Graf F...!, sagte die Marquise, als sie die Augen aufschlug, ₃₅
und die Röte der Überraschung überflog ihr Gesicht. Der
Graf lächelte, blieb noch eine Zeit lang, ohne sich im Eingang zu rühren, stehen; setzte sich dann, mit so beschei-
dener Zudringlichkeit, als sie nicht zu erschrecken nötig
war, neben ihr nieder, und schlug, ehe sie noch, in ihrer ₄₀

sonderbaren Lage, einen Entschluss gefasst hatte, seinen
Arm sanft um ihren lieben Leib. Von wo, Herr Graf, ist es
möglich, fragte die Marquise – und sah schüchtern vor
sich auf die Erde nieder. Der Graf sagte: Von M..., und
5 drückte sie ganz leise an sich; durch eine hintere Pforte,
die ich offen fand. Ich glaubte, auf Ihre Verzeihung rech-
nen zu dürfen, und trat ein. Hat man Ihnen denn in M...
nicht gesagt – ? – fragte sie, und rührte noch kein Glied in
seinen Armen. Alles, geliebte Frau, versetzte der Graf;
10 doch von Ihrer Unschuld völlig überzeugt – Wie!, rief die
Marquise, indem sie aufstand, und sich loswickelte; und
Sie kommen gleichwohl? – Der Welt zum Trotz, fuhr er
fort, indem er sie festhielt, und Ihrer Familie zum Trotz,
und dieser lieblichen Erscheinung sogar zum Trotz; wobei
15 er einen glühenden Kuss auf ihre Brust drückte. – Hinweg!, rief die Marquise – So überzeugt, sagte er, Julietta,
als ob ich allwissend wäre, als ob meine Seele in deiner
Brust wohnte – Die Marquise rief: Lassen Sie mich! Ich
komme, schloss er – und ließ sie nicht – meinen Antrag zu
20 wiederholen, und das Los der Seligen, wenn Sie mich er-
hören wollen, von Ihrer Hand zu empfangen. Lassen Sie
mich augenblicklich!, rief die Marquise; ich befehl's Ihnen!, riss sich gewaltsam aus seinen Armen, und entfloh.
Geliebte! Vortreffliche!, flüsterte er, indem er wieder auf-
25 stand und ihr folgte. – Sie hören!, rief die Marquise, und
wandte sich, und wich ihm aus. Ein einziges, heimliches
geflüstertes –!, sagte der Graf, und griff hastig nach ihrem
glatten, ihm entschlüpfenden Arm. – Ich *will nichts* wissen,
versetzte die Marquise, stieß ihn heftig vor die Brust zu-
30 rück, eilte auf die Rampe, und verschwand.
Er war schon halb auf die Rampe gekommen, um sich, es
koste, was es wolle, bei ihr Gehör zu verschaffen, als die
Tür vor ihm zuflog, und der Riegel heftig, mit verstörter
Beeiferung, vor seinen Schritten zurasselte. Unschlüssig,
35 einen Augenblick, was unter solchen Umständen zu tun
sei, stand er, und überlegte, ob er durch ein, zur Seite offen
stehendes Fenster einsteigen, und seinen Zweck, bis er ihn
erreicht, verfolgen solle; doch so schwer es ihm auch in
jedem Sinne war, umzukehren, diesmal schien es die
40 Notwendigkeit zu erfordern, und grimmig erbittert über

sich, dass er sie aus seinen Armen gelassen hatte, schlich
er die Rampe hinab, und verließ den Garten, um seine
Pferde aufzusuchen. Er fühlte, dass der Versuch, sich an
ihrem Busen zu erklären, für immer fehlgeschlagen sei,
und ritt schrittweis, indem er einen Brief überlegte, den er 5
jetzt zu schreiben verdammt war, nach M... zurück.
Abends, da er sich, in der übelsten Laune von der Welt,
bei einer öffentlichen Tafel[1] eingefunden hatte, traf er den
Forstmeister an, der ihn auch sogleich befragte, ob er seinen Antrag in V... glücklich angebracht habe? Der Graf 10
antwortete kurz: Nein!, und war sehr gestimmt, ihn mit
einer bitteren Wendung abzufertigen; doch um der Höf-
lichkeit ein Genüge zu tun, setzte er nach einer Weile hinzu: Er habe sich entschlossen, sich schriftlich an sie zu
wenden, und werde damit in Kurzem ins Reine sein. Der 15
Forstmeister sagte: Er sehe mit Bedauern, dass seine Leidenschaft für die Marquise ihn seiner Sinne beraube. Er
müsse ihm inzwischen versichern, dass sie bereits auf dem
Wege sei, eine andere Wahl zu treffen; klingelte nach den
neuesten Zeitungen, und gab ihm das Blatt, in welchem 20
die Aufforderung derselben an den Vater ihres Kindes
eingerückt[2] war. Der Graf durchlief, indem ihm das Blut
ins Gesicht schoss, die Schrift. Ein Wechsel von Gefühlen
durchkreuzte ihn. Der Forstmeister fragte, ob er nicht
glaube, dass die Person, die die Frau Marquise suche, sich 25
finden werde? – Unzweifelhaft!, versetzte der Graf, indessen er mit ganzer Seele über dem Papier lag, und den Sinn
desselben gierig verschlang. Darauf nachdem er einen
Augenblick, während er das Blatt zusammenlegte, an das
Fenster getreten war, sagte er: Nun ist es gut! Nun weiß 30
ich, was ich zu tun habe!, kehrte sich sodann um; und
fragte den Forstmeister noch, auf eine verbindliche Art,
ob man ihn bald wiedersehen werde; empfahl sich ihm,
und ging, völlig ausgesöhnt mit seinem Schicksal, fort. –
Inzwischen waren in dem Hause des Kommandanten die 35
lebhaftesten Auftritte vorgefallen. Die Obristin war über
die zerstörende Heftigkeit ihres Gatten und über die

---

[1] Mahlzeit im Gasthaus
[2] abgedruckt

Schwäche, mit welcher sie sich, bei der tyrannischen Ver-
stoßung der Tochter, von ihm hatte unterjochen lassen,
äußerst erbittert. Sie war, als der Schuss in des Kommandanten Schlafgemach fiel, und die Tochter aus demselben
5 hervorstürzte, in eine Ohnmacht gesunken, aus der sie
sich zwar bald wieder erholte; doch der Kommandant
hatte, in dem Augenblick ihres Erwachens, weiter nichts
gesagt, als, es täte ihm leid, dass sie diesen Schrecken
umsonst gehabt, und das abgeschossene Pistol auf einen
10 Tisch geworfen. Nachher, da von der Abforderung der
Kinder die Rede war, wagte sie schüchtern, zu erklären,
dass man zu einem solchen Schritt kein Recht habe; sie bat
mit einer, durch die gehabte Anwandlung, schwachen
und rührenden Stimme, heftige Auftritte im Hause zu
15 vermeiden; doch der Kommandant erwiderte weiter
nichts, als, indem er sich zum Forstmeister wandte, vor
Wut schäumend: Geh! Und schaff sie mir! Als der zweite
Brief des Grafen F... ankam, hatte der Kommandant befoh-
len, dass er nach V... zur Marquise herausgeschickt wer-
20 den solle, welche ihn, wie man nachher durch den Boten
erfuhr, beiseitegelegt, und gesagt hatte, es wäre gut. Die
Obristin, der in der ganzen Begebenheit so vieles, und
besonders die Geneigtheit der Marquise, eine neue, ihr
ganz gleichgültige Vermählung einzugehen, dunkel war,
25 suchte vergebens, diesen Umstand zur Sprache zu bringen. Der Kommandant bat immer, auf eine Art, die einem
Befehle gleichsah, zu schweigen; versicherte, indem er
einst, bei einer solchen Gelegenheit, ein Porträt herab-
nahm, das noch von ihr an der Wand hing, dass er sein
30 Gedächtnis ihrer ganz zu vertilgen wünsche; und meinte,
er hätte keine Tochter mehr. Drauf erschien der sonderbare Aufruf der Marquise in den Zeitungen. Die Obristin,
die auf das Lebhafteste darüber betroffen war, ging mit
dem Zeitungsblatt, das sie von dem Kommandanten er-
35 halten hatte, in sein Zimmer, wo sie ihn an einem Tisch
arbeitend fand, und fragte ihn, was er in aller Welt davon
halte? Der Kommandant sagte, indem er fortschrieb: O!
Sie ist unschuldig. Wie!, rief Frau von G..., mit dem aller-
äußersten Erstaunen: unschuldig? Sie hat es im Schlaf ge-
40 tan, sagte der Kommandant, ohne aufzusehen. Im Schlafe!,

versetzte Frau von G... Und ein so ungeheurer Vorfall
wäre –? Die Närrin!, rief der Kommandant, schob die Papiere übereinander, und ging weg.

Am nächsten Zeitungstage las die Obristin, da beide beim
Frühstück saßen, in einem Intelligenzblatt, das eben ganz 5
feucht von der Presse kam, folgende Antwort:

„Wenn die Frau Marquise von O... sich, am 3ten ..., 11 Uhr
morgens, im Hause des Herrn von G..., ihres Vaters, einfinden will: so wird sich derjenige, den sie sucht, ihr daselbst zu Füßen werfen." – 10

Der Obristin verging, ehe sie noch auf die Hälfte dieses
unerhörten[1] Artikels gekommen war, die Sprache; sie
überflog das Ende, und reichte das Blatt dem Kommandanten dar. Der Obrist durchlas das Blatt dreimal, als ob 15
er seinen eignen Augen nicht traute. Nun sage mir, um des
Himmels willen, Lorenzo, rief die Obristin, was hältst du
davon? O die Schändliche!, versetzte der Kommandant,
und stand auf; o die verschmitzte Heuchlerin[2]! Zehnmal
die Schamlosigkeit einer Hündin, mit zehnfacher List des 20
Fuchses gepaart, reichen noch an die ihrige nicht! Solch
eine Miene! Zwei solche Augen! Ein Cherub[3] hat sie nicht
treuer!, – und jammerte und konnte sich nicht beruhigen.
Aber was in aller Welt, fragte die Obristin, wenn es eine
List ist, kann sie damit bezwecken? – Was sie damit be- 25
zweckt? Ihre nichtswürdige Betrügerei, mit Gewalt will
sie sie durchsetzen, erwiderte der Obrist. Auswendig gelernt ist sie schon, die Fabel[4], die sie uns beide, sie und er,
am Dritten 11 Uhr morgens hier aufbürden wollen. Mein
liebes Töchterchen, soll ich sagen, das wusste ich nicht, 30
wer konnte das denken, vergib mir, nimm meinen Segen,
und sei wieder gut. Aber die Kugel dem, der am Dritten
morgens über meine Schwelle tritt! Es müsste denn schicklicher sein, ihn mir durch Bedienten aus dem Hause zu

---

[1] ungewöhnlichen
[2] schelmische, pfiffige, raffinierte, verschlagene
[3] das Paradies bewachender Engel; verwehrte Adam und Eva nach
    dem Sündenfall den Zugang zum Garten Eden
[4] hier: Lügengeschichte

schaffen. – Frau von G... sagte, nach einer nochmaligen Überlesung des Zeitungsblattes, dass wenn sie, von zwei unbegreiflichen Dingen, einem, Glauben beimessen solle, sie lieber an ein unerhörtes Spiel des Schicksals, als an diese Niederträchtigkeit ihrer sonst so vortrefflichen Tochter glauben wolle. Doch ehe sie noch vollendet hatte, rief der Kommandant schon: Tu mir den Gefallen und schweig!, und verließ das Zimmer. Es ist mir verhasst, wenn ich nur davon höre.

Wenige Tage nachher erhielt der Kommandant, in Beziehung auf diesen Zeitungsartikel, einen Brief von der Marquise, in welchem sie ihn, da ihr die Gnade versagt wäre, in seinem Hause erscheinen zu dürfen, auf eine ehrfurchtsvolle und rührende Art bat, denjenigen, der sich am Dritten morgens bei ihm zeigen würde, gefälligst zu ihr nach V... hinauszuschicken. Die Obristin war gerade gegenwärtig, als der Kommandant diesen Brief empfing; und da sie auf seinem Gesicht deutlich bemerkte, dass er in seiner Empfindung irre geworden war: denn welch ein Motiv jetzt, falls es eine Betrügerei war, sollte er ihr unterlegen, da sie auf seine Verzeihung gar keine Ansprüche zu machen schien? So rückte sie, dadurch dreist gemacht, mit einem Plan hervor, den sie schon lange, in ihrer von Zweifeln bewegten Brust, mit sich herumgetragen hatte. Sie sagte, während der Obrist noch, mit einer nichtssagenden Miene, in das Papier hineinsah: Sie habe einen Einfall. Ob er ihr erlauben wolle, auf einen oder zwei Tage, nach V... hinauszufahren? Sie werde die Marquise, falls sie wirklich denjenigen, der ihr durch die Zeitungen, als ein Unbekannter, geantwortet, schon kenne, in eine Lage zu versetzen wissen, in welcher sich ihre Seele verraten müsste, und wenn sie die abgefeimteste[1] Verräterin wäre. Der Kommandant erwiderte, indem er, mit einer plötzlich heftigen Bewegung, den Brief zerriss: Sie wisse, dass er mit ihr nichts zu schaffen haben wolle, und er verbiete ihr, in irgendeine Gemeinschaft mit ihr zu treten. Er siegelte die zerrissenen Stücke ein, schrieb eine Adresse an die Marquise, und gab sie dem Boten, als Antwort, zurück. Die

---

[1]   veraltete Bezeichnung für „gerissenste", „durchtriebenste"

Obristin, durch diesen hartnäckigen Eigensinn, der alle
Möglichkeit der Aufklärung vernichtete, heimlich erbittert, beschloss, ihren Plan jetzt, gegen seinen Willen, aus-
zuführen. Sie nahm einen von den Jägern des Kommandanten, und fuhr am nächstfolgenden Morgen, da ihr 5
Gemahl noch im Bette lag, mit demselben nach V... hinaus.
Als sie am Tore des Landsitzes angekommen war, sagte
ihr der Türsteher, dass niemand bei der Frau Marquise
vorgelassen würde. Frau von G... antwortete, dass sie von
dieser Maßregel[1] unterrichtet wäre, dass er aber gleich- 10
wohl nur gehen, und die Obristin von G... bei ihr anmelden möchte. Worauf dieser versetzte, dass dies zu nichts
helfen würde, indem die Frau Marquise keinen Menschen
auf der Welt spräche. Frau von G... antwortete, dass sie
von ihr gesprochen werden würde, indem sie ihre Mutter 15
wäre, und dass er nur nicht länger säumen, und sein Geschäft verrichten möchte. Kaum aber war noch der Türsteher zu diesem, wie er meinte, gleichwohl vergeblichen
Versuche ins Haus gegangen, als man schon die Marquise
daraus hervortreten, nach dem Tore eilen und sich auf 20
Knien vor dem Wagen der Obristin niederstürzen sah.
Frau von G... stieg, von ihrem Jäger unterstützt, aus, und
hob die Marquise, nicht ohne einige Bewegung, vom Boden auf. Die Marquise drückte sich, von Gefühlen über-
wältigt, tief auf ihre Hand hinab, und führte sie, indem ihr 25
die Tränen häufig flossen, ehrfurchtsvoll in die Zimmer
ihres Hauses. Meine teuerste Mutter!, rief sie, nachdem sie
ihr den Diwan angewiesen hatte, und noch vor ihr stehen
blieb, und sich die Augen trocknete: welch ein glücklicher
Zufall ist es, dem ich Ihre, mir unschätzbare Erscheinung 30
verdanke? Frau von G... sagte, indem sie ihre Tochter ver-
traulich fasste, sie müsse ihr nur sagen, dass sie komme,
sie wegen der Härte, mit welcher sie aus dem väterlichen
Hause verstoßen worden sei, um Verzeihung zu bitten.
Verzeihung!, fiel ihr die Marquise ins Wort, und wollte 35
ihre Hände küssen. Doch diese, indem sie den Handkuss
vermied, fuhr fort: Denn nicht nur, dass die, in den letzten
öffentlichen Blättern eingerückte, Antwort auf die be-

---

[1] Vorschrift, Anweisung, Maßnahme

wusste Bekanntmachung, mir sowohl als dem Vater, die
Überzeugung von deiner Unschuld gegeben hat; so muss
ich dir auch eröffnen, dass er sich selbst schon, zu unserm
großen und freudigen Erstaunen, gestern im Hause gezeigt hat. Wer hat sich –?, fragte die Marquise, und setzte
sich bei ihrer Mutter nieder; – welcher er selbst hat sich
gezeigt –?, und Erwartung spannte jede ihrer Mienen. Er,
erwiderte Frau von G..., der Verfasser jener Antwort, er
persönlich selbst, an welchen dein Aufruf gerichtet war. –
Nun denn, sagte die Marquise, mit unruhig arbeitender
Brust: Wer ist es? Und noch einmal: Wer ist es? – Das, erwiderte Frau von G..., möchte ich dich erraten lassen.
Denn denke, dass sich gestern, da wir beim Tee sitzen, und
eben das sonderbare Zeitungsblatt lesen, ein Mensch, von
unsrer genauesten Bekanntschaft, mit Gebärden der Verzweiflung ins Zimmer stürzt, und deinem Vater, und bald
darauf auch mir, zu Füßen fällt. Wir, unwissend, was wir
davon denken sollen, fordern ihn auf, zu reden. Darauf
spricht er: Sein Gewissen lasse ihm keine Ruhe; er sei der
Schändliche, der die Frau Marquise betrogen, er müsse
wissen, wie man sein Verbrechen beurteile, und wenn Rache über ihn verhängt werden solle, so komme er, sich ihr
selbst darzubieten. Aber wer? Wer? Wer?, versetzte die
Marquise. Wie gesagt, fuhr Frau von G... fort, ein junger,
sonst wohlerzogener Mensch, dem wir eine solche Nichts-
würdigkeit niemals zugetraut hätten. Doch erschrecken
wirst du nicht, meine Tochter, wenn du erfährst, dass er
von niedrigem Stande, und von allen Forderungen, die
man sonst an deinen Gemahl machen dürfte, entblößt ist.
Gleichviel, meine vortreffliche Mutter, sagte die Marquise,
er kann nicht ganz unwürdig sein, da er sich Ihnen früher
als mir, zu Füßen geworfen hat. Aber, wer? Wer? Sagen Sie
mir nur: Wer? Nun denn, versetzte die Mutter, es ist Leopardo, der Jäger, den sich der Vater jüngst aus Tirol ver-
schrieb, und den ich, wenn du ihn wahrnahmst, schon
mitgebracht habe, um ihn dir als Bräutigam vorzustellen.
Leopardo, der Jäger!, rief die Marquise, und drückte ihre
Hand, mit dem Ausdruck der Verzweiflung, vor die Stirn.
Was erschreckt dich?, fragte die Obristin. Hast du Gründe,
daran zu zweifeln? – Wie? Wo? Wann?, fragte die Marqui-

se verwirrt. Das, antwortete jene, will er nur dir anvertrauen. Scham und Liebe, meinte er, machten es ihm unmöglich, sich einer andern hierüber zu erklären, als dir. Doch wenn du willst, so öffnen wir das Vorzimmer, wo er, mit klopfendem Herzen, auf den Ausgang wartet; und du magst sehen, ob du ihm sein Geheimnis, indessen ich abtrete, entlockst. – Gott, mein Vater!, rief die Marquise; ich war einst in der Mittagshitze eingeschlummert, und sah ihn von meinem Diwan gehen, als ich erwachte! – Und damit legte sie ihre kleinen Hände vor ihr in Scham erglühendes Gesicht. Bei diesen Worten sank die Mutter auf Knien vor ihr nieder. O meine Tochter!, rief sie; o du Vortreffliche!, und schlug die Arme um sie. Und o ich Nichtswürdige!, und verbarg das Antlitz in ihren Schoß. Die Marquise fragte bestürzt: Was ist Ihnen, meine Mutter? Denn begreife, fuhr diese fort, o du Reinere als Engel sind, dass von allem, was ich dir sagte, nichts wahr ist; dass meine verderbte[1] Seele an solche Unschuld nicht, als von der du umstrahlt bist, glauben konnte, und dass ich dieser schändlichen List erst bedurfte, um mich davon zu überzeugen. Meine teuerste Mutter, rief die Marquise, und neigte sich voll froher Rührung zu ihr herab, und wollte sie aufheben. Jene versetzte darauf: Nein, eher nicht von deinen Füßen weich ich, bis du mir sagst, ob du mir die Niedrigkeit meines Verhaltens, du Herrliche, Überirdische, verzeihen kannst. Ich Ihnen verzeihen, meine Mutter! Stehen Sie auf, rief die Marquise, ich beschwöre Sie – Du hörst, sagte Frau von G..., ich will wissen, ob du mich noch lieben, und so aufrichtig verehren kannst, als sonst? Meine angebetete Mutter!, rief die Marquise, und legte sich gleichfalls auf Knien vor ihr nieder; Ehrfurcht und Liebe sind nie aus meinem Herzen gewichen. Wer konnte mir, unter so unerhörten Umständen, Vertrauen schenken? Wie glücklich bin ich, dass Sie von meiner Unsträflichkeit[2] überzeugt sind! Nun denn, versetzte Frau von G..., indem sie, von ihrer Tochter unterstützt, aufstand: So will ich dich auf Händen tragen, mein liebstes Kind. Du

---

[1] veraltete Schreibweise von „verdorbene"; moralisch verkommene
[2] Reinheit, Unschuld

sollst bei mir dein Wochenlager halten; und wären die
Verhältnisse so, dass ich einen jungen Fürsten von dir
erwartete, mit größerer Zärtlichkeit nicht und Würdigkeit
könnt ich dein pflegen. Die Tage meines Lebens nicht
5 mehr von deiner Seite weich ich. Ich biete der ganzen Welt
Trotz; ich *will* keine andre Ehre mehr, als deine Schande;
wenn du mir nur wieder gut wirst, und der Härte nicht,
mit welcher ich dich verstieß, mehr gedenkst. Die Marquise suchte sie mit Liebkosungen und Beschwörungen ohne
10 Ende zu trösten; doch der Abend kam heran, und Mitter-
nacht schlug, ehe es ihr gelang. Am folgenden Tage, da
sich der Affekt der alten Dame, der ihr während der Nacht
eine Fieberhitze zugezogen hatte, ein wenig gelegt hatte,
fuhren Mutter und Tochter und Enkel, wie im Triumph,
15 wieder nach M... zurück. Sie waren äußerst vergnügt auf
der Reise, scherzten über Leopardo, den Jäger, der vorn
auf dem Bock saß; und die Mutter sagte zur Marquise, sie
bemerke, dass sie rot würde, sooft sie seinen breiten Rücken
ansähe. Die Marquise antwortete, mit einer Regung, die
20 halb ein Seufzer, halb ein Lächeln war: Wer weiß, wer zuletzt noch am Dritten 11 Uhr morgens bei uns erscheint! –
Drauf, je mehr man sich M... näherte, je ernsthafter stimmten sich wieder die Gemüter, in der Vorahndung
entscheidender Auftritte, die ihnen noch bevorstanden.
25 Frau von G..., die sich von ihren Plänen nichts merken ließ,
führte ihre Tochter, da sie vor dem Hause ausgestiegen
waren, wieder in ihre alten Zimmer ein; sagte, sie möchte
es sich nur bequem machen, sie würde gleich wieder bei
ihr sein, und schlüpfte ab. Nach einer Stunde kam sie mit
30 einem ganz erhitzten Gesicht wieder. Nein, solch ein Thomas!, sprach sie mit heimlich vergnügter Seele; solch ein
ungläubiger Thomas[1]! Hab ich nicht eine Seigerstunde[2]
gebraucht, ihn zu überzeugen. Aber nun sitzt er, und
weint. Wer?, fragte die Marquise. Er, antwortete die Mut-
35 ter. Wer sonst, als wer die größte Ursache dazu hat. Der

---

[1] Redewendung, die auf die Bibel zurückgeht: Der Jünger Thomas
zweifelt so lange an der Auferstehung Jesu, bis er schließlich einen
Beweis hat (vgl. Joh. 20, 24–29).
[2] ungefähr eine Stunde; Seiger = Sand- oder Wasseruhr

Vater doch nicht?, rief die Marquise. Wie ein Kind, erwiderte die Mutter; dass ich, wenn ich mir nicht selbst hätte die Tränen aus den Augen wischen müssen, gelacht hätte, sowie ich nur aus der Türe heraus war. Und das wegen meiner?, fragte die Marquise, und stand auf; und ich sollte 5 hier –? Nicht von der Stelle!, sagte Frau von G... Warum diktierte er mir den Brief. Hier sucht er *dich* auf, wenn er *mich*, solange ich lebe, wiederfinden will. Meine teuerste Mutter, flehte die Marquise – Unerbittlich!, fiel ihr die Obristin ins Wort. Warum griff er nach der Pistole. – Aber 10 ich beschwöre Sie – Du *sollst* nicht, versetzte Frau von G..., indem sie die Tochter wieder auf ihren Sessel niederdrückte. Und wenn er nicht heut vor Abend noch kommt, zieh ich morgen mit dir weiter. Die Marquise nannte dies Verfahren hart und ungerecht. Doch die Mutter erwiderte: 15 Beruhige dich – denn eben hörte sie jemand von Weitem heranschluchzen: Er kömmt schon! Wo?, fragte die Marquise, und horchte. Ist wer hier draußen vor der Tür; dies heftige –? Allerdings, versetzte Frau von G... Er will, dass wir ihm die Türe öffnen. Lassen Sie mich!, rief die Marqui- 20 se, und riss sich vom Stuhl empor. Doch: Wenn du mir gut bist, Julietta, versetzte die Obristin, so bleib; und in dem Augenblick trat auch der Kommandant schon, das Tuch vor das Gesicht haltend, ein. Die Mutter stellte sich breit vor ihre Tochter, und kehrte ihm den Rücken zu. Mein 25 teuerster Vater!, rief die Marquise, und streckte ihre Arme nach ihm aus. Nicht von der Stelle, sagte Frau von G..., du hörst! Der Kommandant stand in der Stube und weinte. Er soll dir abbitten, fuhr Frau von G... fort. Warum ist er so heftig! Und warum ist er so hartnäckig! Ich liebe ihn, 30 aber dich auch; ich ehre ihn, aber dich auch. Und muss ich eine Wahl treffen, so bist du vortrefflicher, als er, und ich bleibe bei dir. Der Kommandant beugte sich ganz krumm, und heulte, dass die Wände erschallten. Aber mein Gott!, rief die Marquise, gab der Mutter plötzlich nach, und 35 nahm ihr Tuch, ihre eigenen Tränen fließen zu lassen. Frau von G... sagte: – er kann nur nicht sprechen!, und wich ein wenig zur Seite aus. Hierauf erhob sich die Marquise, umarmte den Kommandanten, und bat ihn, sich zu beruhigen. Sie weinte selbst heftig. Sie fragte ihn, ob er sich nicht 40

setzen wolle? Sie wollte ihn auf einen Sessel niederziehen; sie schob ihm einen Sessel hin, damit er sich darauf setze: doch er antwortete nicht; er war nicht von der Stelle zu bringen; er setzte sich auch nicht, und stand bloß, das
5 Gesicht tief zur Erde gebeugt, und weinte. Die Marquise sagte, indem sie ihn aufrecht hielt, halb zur Mutter gewandt: Er werde krank werden; die Mutter selbst schien, da er sich ganz konvulsivisch gebärdete, ihre Standhaftigkeit verlieren zu wollen. Doch da der Kommandant sich
10 endlich, auf die wiederholten Anforderungen der Tochter, niedergesetzt hatte, und diese ihm, mit unendlichen Liebkosungen, zu Füßen gesunken war: so nahm sie wieder das Wort: sagte, es geschehe ihm ganz recht, er werde nun wohl zur Vernunft kommen, entfernte sich aus dem Zim-
15 mer, und ließ sie allein.

Sobald sie draußen war, wischte sie sich selbst die Tränen ab, dachte, ob ihm die heftige Erschütterung, in welche sie ihn versetzt hatte, nicht doch gefährlich sein könnte, und ob es wohl ratsam sei, einen Arzt rufen zu lassen? Sie
20 kochte ihm für den Abend alles, was sie nur Stärkendes und Beruhigendes aufzutreiben wusste, in der Küche zusammen, bereitete und wärmte ihm das Bett, um ihn sogleich hineinzulegen, sobald er nur, an der Hand der Tochter, erscheinen würde, und schlich, da er immer noch nicht
25 kam, und schon die Abendtafel gedeckt war, dem Zimmer der Marquise zu, um doch zu hören, was sich zutrage? Sie vernahm, da sie mit sanft an die Tür gelegtem Ohr horchte, ein leises, eben verhallendes Gelispel[1], das, wie es ihr schien, von der Marquise kam; und, wie sie durchs Schlüs-
30 selloch bemerkte, saß sie auch auf des Kommandanten Schoß, was er sonst in seinem Leben nicht zugegeben[2] hatte. Drauf endlich öffnete sie die Tür, und sah nun – und das Herz quoll ihr vor Freuden empor: die Tochter still, mit zurückgebeugtem Nacken, die Augen fest geschlos-
35 sen, in des Vaters Armen liegen; indessen dieser, auf dem Lehnstuhl sitzend, lange, heiße und lechzende Küsse, das große Auge voll glänzender Tränen, auf ihren Mund

---

[1] hier: Geflüster
[2] zugelassen, erlaubt

drückte: gerade wie ein Verliebter! Die Tochter sprach
nicht, er sprach nicht; mit über sie gebeugtem Antlitz saß
er, wie über das Mädchen seiner ersten Liebe, und legte
ihr den Mund zurecht, und küsste sie. Die Mutter fühlte
sich, wie eine Selige; ungesehen, wie sie hinter seinem 5
Stuhle stand, säumte sie, die Lust der himmelfrohen Versöhnung, die ihrem Hause wieder geworden war, zu stören. Sie nahte sich dem Vater endlich, und sah ihn, da er
eben wieder mit Fingern und Lippen in unsäglicher Lust
über den Mund seiner Tochter beschäftigt war, sich um 10
den Stuhl herumbeugend, von der Seite an. Der Kommandant schlug, bei ihrem Anblick, das Gesicht schon wieder
ganz kraus nieder, und wollte etwas sagen; doch sie rief:
O was für ein Gesicht ist das!, küsste es jetzt auch ihrerseits
in Ordnung, und machte der Rührung durch Scherzen ein 15
Ende. Sie lud und führte beide, die wie Brautleute gingen,
zur Abendtafel, an welcher der Kommandant zwar sehr
heiter war, aber noch von Zeit zu Zeit schluchzte, wenig
aß und sprach, auf den Teller niedersah, und mit der Hand
seiner Tochter spielte. 20
Nun galt es, beim Anbruch des nächsten Tages, die Frage:
wer nur, in aller Welt, morgen um 11 Uhr sich zeigen würde; denn morgen war der gefürchtete Dritte. Vater und
Mutter, und auch der Bruder, der sich mit seiner Versöhnung eingefunden hatte, stimmten unbedingt, falls die 25
Person nur von einiger Erträglichkeit sein würde, für Vermählung; alles, was nur immer möglich war, sollte geschehen, um die Lage der Marquise glücklich zu machen.
Sollten die Verhältnisse derselben jedoch so beschaffen
sein, dass sie selbst dann, wenn man ihnen durch Begün- 30
stigungen zu Hülfe käme, zu weit hinter den Verhältnissen
der Marquise zurückblieben, so widersetzten sich die Eltern der Heirat; sie beschlossen, die Marquise nach wie vor
bei sich zu behalten, und das Kind zu adoptieren. Die Marquise hingegen schien willens, in jedem Falle, wenn die 35
Person nur nicht ruchlos wäre, ihr gegebenes Wort in Erfüllung zu bringen, und dem Kinde, es koste was es wolle,
einen Vater zu verschaffen. Am Abend fragte die Mutter,
wie es denn mit dem Empfang der Person gehalten werden
solle? Der Kommandant meinte, dass es am schicklichsten 40

sein würde, wenn man die Marquise um 11 Uhr allein
ließe. Die Marquise hingegen bestand darauf, dass beide
Eltern, und auch der Bruder, gegenwärtig sein möchten,
indem sie keine Art des Geheimnisses mit dieser Person
5 zu teilen haben wolle. Auch meinte sie, dass dieser Wunsch
sogar in der Antwort derselben, dadurch, dass sie das
Haus des Kommandanten zur Zusammenkunft vorge-
schlagen, ausgedrückt scheine; ein Umstand, um dessent-
willen ihr gerade diese Antwort, wie sie frei gestehen
10 müsse, sehr gefallen habe. Die Mutter bemerkte die Unschicklichkeit der Rollen, die der Vater und der Bruder
dabei zu spielen haben würden, bat die Tochter, die Entfernung der Männer zuzulassen, wogegen sie in ihren
Wunsch willigen, und bei dem Empfang der Person gegen-
15 wärtig sein wolle. Nach einer kurzen Besinnung der Tochter ward dieser letzte Vorschlag endlich angenommen.
Drauf nun erschien, nach einer, unter den gespanntesten
Erwartungen zugebrachten, Nacht der Morgen des ge-
fürchteten Dritten. Als die Glocke eilf Uhr schlug, saßen
20 beide Frauen, festlich, wie zur Verlobung angekleidet, im
Besuchzimmer; das Herz klopfte ihnen, dass man es gehört
haben würde, wenn das Geräusch des Tages geschwiegen
hätte. Der eilfte Glockenschlag summte noch, als Leopardo, der Jäger, eintrat, den der Vater aus Tirol verschrieben
25 hatte. Die Weiber erblassten bei diesem Anblick. Der Graf
F..., sprach er, ist vorgefahren, und lässt sich anmelden. Der
Graf F...!, riefen beide zugleich, von einer Art der Bestürzung in die andre geworfen. Die Marquise rief: Verschließt
die Türen! Wir sind für ihn nicht zu Hause; stand auf, das
30 Zimmer gleich selbst zu verriegeln, und wollte eben den
Jäger, der ihr im Wege stand, hinausdrängen, als der Graf
schon, in genau demselben Kriegsrock[1], mit Orden und
Waffen, wie er sie bei der Eroberung des Forts getragen
hatte, zu ihr eintrat. Die Marquise glaubte, vor Verwirrung
35 in die Erde zu sinken; sie griff nach einem Tuch, das sie auf
dem Stuhl hatte liegen lassen, und wollte eben in ein Sei-
tenzimmer entfliehn; doch Frau von G..., indem sie die
Hand derselben ergriff, rief: Julietta –!, und wie erstickt

---

[1] Uniform

von Gedanken, ging ihr die Sprache aus. Sie heftete die
Augen fest auf den Grafen und wiederholte: Ich bitte dich,
Julietta!, indem sie sie nach sich zog: wen erwarten wir
denn –? Die Marquise rief, indem sie sich plötzlich wandte:
Nun? Doch ihn nicht –?, und schlug mit einem Blick fun- 5
kelnd, wie ein Wetterstrahl[1], auf ihn ein, indessen Blässe
des Todes ihr Antlitz überflog. Der Graf hatte ein Knie vor
ihr gesenkt; die rechte Hand lag auf seinem Herzen, das
Haupt sanft auf seine Brust gebeugt, lag er, und blickte
hochglühend vor sich nieder, und schwieg. Wen sonst, rief 10
die Obristin mit beklemmter Stimme, wen sonst, wir Sinn-
beraubten, als ihn –? Die Marquise stand starr über ihm,
und sagte: Ich werde wahnsinnig werden, meine Mutter!
Du Törin, erwiderte die Mutter, zog sie zu sich, und flüsterte ihr etwas in das Ohr. Die Marquise wandte sich, und 15
stürzte, beide Hände vor das Gesicht, auf den Sofa nieder.
Die Mutter rief: Unglückliche! Was fehlt dir? Was ist ge-
schehn, worauf du nicht vorbereitet warst? – Der Graf wich
nicht von der Seite der Obristin; er fasste, immer noch auf
seinen Knien liegend, den äußersten Saum ihres Kleides, 20
und küsste ihn. Liebe! Gnädige! Verehrungswürdigste!,
flüsterte er: eine Träne rollte ihm die Wangen herab. Die
Obristin sagte: Stehn Sie auf, Herr Graf, stehn Sie auf! Trösten Sie jene; so sind wir alle versöhnt, so ist alles vergeben
und vergessen. Der Graf erhob sich weinend. Er ließ sich 25
von Neuem vor der Marquise nieder, er fasste leise ihre
Hand, als ob sie von Gold wäre, und der Duft der seinigen
sie trüben könnte. Doch diese –: Gehn Sie! Gehn Sie! Gehn
Sie!, rief sie, indem sie aufstand; auf einen Lasterhaften war
ich gefasst, aber auf keinen – – – Teufel!, öffnete, indem sie 30
ihm dabei, gleich einem Pestvergifteten, auswich, die Tür
des Zimmers, und sagte: Ruft den Obristen! Julietta!, rief
die Obristin mit Erstaunen. Die Marquise blickte, mit tö-
tender Wildheit, bald auf den Grafen, bald auf die Mutter
ein; ihre Brust flog, ihr Antlitz loderte: eine Furie[2] blickt 35

---

[1] poetische Bezeichnung für Blitz
[2] Rachegöttinnen der griechischen Mythologie, die jene Menschen
   verfolgten, die sich durch den Verstoß gegen naturgegebene Gesetze schuldig gemacht hatten

nicht schrecklicher. Der Obrist und der Forstmeister kamen. Diesem Mann, Vater, sprach sie, als jene noch unter
dem Eingang waren, kann ich mich nicht vermählen!, griff
in ein Gefäß mit Weihwasser, das an der hinteren Tür be-
5 festigt war, besprengte, in einem großen Wurf, Vater und
Mutter und Bruder damit, und verschwand.
Der Kommandant, von dieser seltsamen Erscheinung betroffen, fragte, was vorgefallen sei; und erblasste, da er, in
diesem entscheidenden Augenblick, den Grafen F... im
10 Zimmer erblickte. Die Mutter nahm den Grafen bei der
Hand und sagte: Frage nicht; dieser junge Mann bereut
von Herzen alles, was geschehen ist; gib deinen Segen,
gib, gib: so wird sich alles noch glücklich endigen. Der
Graf stand wie vernichtet. Der Kommandant legte seine
15 Hand auf ihn; seine Augenwimpern zuckten, seine Lippen
waren weiß, wie Kreide. Möge der Fluch des Himmels von
diesen Scheiteln weichen!, rief er: wann gedenken Sie zu
heiraten? – Morgen, antwortete die Mutter für ihn, denn
er konnte kein Wort hervorbringen, morgen oder heute,
20 wie du willst; dem Herrn Grafen, der so viel schöne Beeiferung gezeigt hat, sein Vergehen wiedergutzumachen,
wird immer die nächste Stunde die liebste sein. – So habe
ich das Vergnügen, Sie morgen um 11 Uhr in der Augustinerkirche zu finden!, sagte der Kommandant; verneigte
25 sich gegen ihn, rief Frau und Sohn ab, um sich in das
Zimmer der Marquise zu verfügen, und ließ ihn stehen.
Man bemühte sich vergebens, von der Marquise den
Grund ihres sonderbaren Betragens zu erfahren; sie lag im
heftigsten Fieber, wollte durchaus von Vermählung nichts
30 wissen, und bat, sie allein zu lassen. Auf die Frage: Warum
sie denn ihren Entschluss plötzlich geändert habe? Und
was ihr den Grafen gehässiger mache, als einen andern?,
sah sie den Vater mit großen Augen zerstreut an, und
antwortete nichts. Die Obristin sprach: Ob sie vergessen
35 habe, dass sie Mutter sei? Worauf sie erwiderte, dass sie,
in diesem Falle, mehr an sich, als ihr Kind, denken müsse,
und nochmals, indem sie alle Engel und Heiligen zu Zeugen anrief, versicherte, dass sie nicht heiraten würde. Der
Vater, der sie offenbar in einem überreizten Gemütszu-
40 stande sah, erklärte, dass sie ihr Wort halten müsse; ver-

ließ sie, und ordnete alles, nach gehöriger schriftlicher Rücksprache mit dem Grafen, zur Vermählung an. Er legte demselben einen Heiratskontrakt[1] vor, in welchem dieser auf alle Rechte eines Gemahls Verzicht tat, dagegen sich zu allen Pflichten, die man von ihm fordern würde, ver- 5 stehen[2] sollte. Der Graf sandte das Blatt, ganz von Tränen durchfeuchtet, mit seiner Unterschrift zurück. Als der Kommandant am andern Morgen der Marquise dieses Papier überreichte, hatten sich ihre Geister ein wenig be- ruhigt. Sie durchlas es, noch im Bette sitzend, mehrere 10 Male, legte es sinnend zusammen, öffnete es, und durch- las es wieder; und erklärte hierauf, dass sie sich um 11 Uhr in der Augustinerkirche einfinden würde. Sie stand auf, zog sich, ohne ein Wort zu sprechen, an, stieg, als die Glocke schlug, mit allen Ihrigen in den Wagen, und fuhr 15 dahin ab.

Erst an dem Portal der Kirche war es dem Grafen erlaubt, sich an die Familie anzuschließen. Die Marquise sah, wäh- rend der Feierlichkeit, starr auf das Altarbild; nicht ein flüchtiger Blick ward dem Manne zuteil, mit welchem sie 20 die Ringe wechselte. Der Graf bot ihr, als die Trauung vorüber war, den Arm; doch sobald sie wieder aus der Kirche heraus waren, verneigte sich die Gräfin[3] vor ihm: der Kommandant fragte, ob er die Ehre haben würde, ihn zuweilen in den Gemächern seiner Tochter zu sehen, wo- 25 rauf der Graf etwas stammelte, das niemand verstand, den Hut vor der Gesellschaft abnahm, und verschwand. Er bezog eine Wohnung in M..., in welcher er mehrere Monate zubrachte, ohne auch nur den Fuß in des Kom- mandanten Haus zu setzen, bei welchem die Gräfin zu- 30 rückgeblieben war. Nur seinem zarten, würdigen und völlig musterhaften Betragen überall, wo er mit der Fami- lie in irgendeine Berührung kam, hatte er es zu verdanken, dass er, nach der nunmehr erfolgten Entbindung der Grä- fin von einem jungen Sohne, zur Taufe desselben eingela- 35

---

[1] Kontrakt = Vertrag
[2] sich einverstanden erklären, sich verpflichten
[3] Die Marquise nimmt durch die Heirat den Titel ihres Ehemannes an.

den ward. Die Gräfin, die, mit Teppichen bedeckt, auf dem Wochenbette saß, sah ihn nur auf einen Augenblick, da er unter die Tür trat, und sie von Weitem ehrfurchtsvoll grüßte. Er warf unter den Geschenken, womit die Gäste den Neugebornen bewillkommten, zwei Papiere auf die Wiege desselben, deren eines, wie sich nach seiner Entfernung auswies, eine Schenkung von 20 000 Rubel[1] an den Knaben, und das andere ein Testament war, in dem er die Mutter, falls er stürbe, zur Erbin seines ganzen Vermögens einsetzte. Von diesem Tage an ward er, auf Veranstaltung[2] der Frau von G..., öfter eingeladen; das Haus stand seinem Eintritt offen, es verging bald kein Abend, da er sich nicht darin gezeigt hätte. Er fing, da sein Gefühl ihm sagte, dass ihm von allen Seiten, um der gebrechlichen Einrichtung der Welt willen, verziehen sei, seine Bewerbung um die Gräfin, seine Gemahlin, von Neuem an, erhielt, nach Verlauf eines Jahres, ein zweites Jawort von ihr, und auch eine zweite Hochzeit ward gefeiert, froher, als die erste, nach deren Abschluss die ganze Familie nach V... hinauszog. Eine ganze Reihe von jungen Russen folgte jetzt noch dem ersten; und da der Graf, in einer glücklichen Stunde, seine Frau einst fragte, warum sie, an jenem fürchterlichen Dritten, da sie auf jeden Lasterhaften gefasst schien, vor ihm, gleich einem Teufel, geflohen wäre, antwortete sie, indem sie ihm um den Hals fiel: Er würde ihr damals nicht wie ein Teufel erschienen sein, wenn er ihr nicht, bei seiner ersten Erscheinung, wie ein Engel vorgekommen wäre.

---

[1]   russische Währung in Form von Silbermünzen
[2]   hier: Veranlassung

Das Erdbeben in Chili[1]

*Ebenso wie bei der „Marquise" greift Kleist reale Begebenheiten
auf, um den Stoff in seiner Novelle „Das Erdbeben in Chili"
literarisch zu verarbeiten. So erfolgt etwa die Wahl des Schau-
platzes nicht zufällig; vielmehr fand in Santiago, Hauptstadt
von Chile, im Jahre 1647 tatsächlich ein schweres Erdbeben* [5]
*statt. Aber auch die durch das Erdbeben in Lissabon im Jahre
1755 ausgelöste Diskussion über die laut werdenden Zweifel an
der Barmherzigkeit Gottes angesichts der zahlreichen Opfer
könnte Kleist als Vorlage gedient haben.*

In St. Jago[2], der Hauptstadt des Königreichs Chili[3], stand
gerade in dem Augenblicke der großen Erderschütterung[4]
vom Jahre 1647, bei welcher viele Tausend Menschen ihren Untergang fanden, ein junger, auf ein Verbrechen[5]
angeklagter Spanier, namens *Jeronimo Rugera*[6], an einem [5]
Pfeiler des Gefängnisses, in welches man ihn eingesperrt
hatte, und wollte sich erhenken[7]. *Don*[8] *Henrico Asteron*,
einer der reichsten Edelleute der Stadt, hatte ihn ungefähr
ein Jahr zuvor aus seinem Hause, wo er als Lehrer angestellt war, entfernt, weil er sich mit *Donna Josephe*, seiner [10]
einzigen Tochter, in einem zärtlichen Einverständnis[9] befunden hatte. Eine geheime Bestellung[10], die dem alten

---

[1] ältere Schreibung von „Chile"
[2] ältere Schreibung der nach dem Heiligen Jakobus benannten Lan-
deshauptstadt Santiago de Chile
[3] Chile war von 1535 bis 1817 spanische Kolonie, wurde aber so
selbstständig verwaltet, dass man den Regierungsstatthalter als eine
Art Vizekönig ansah.
[4] Das historische Erdbeben fand in der Nacht vom 13. auf den
14. Mai 1647 statt.
[5] wegen eines Verbrechens
[6] spanische Form des Namens Hieronymus, welcher auf den Kir-
chenlehrer und Bibelübersetzer (347–419) verweist
[7] sich erhängen
[8] spanischer Adelstitel (weibliche Form „Donna", vgl. Z. 10)
[9] Liebesbeziehung
[10] heimliche Verabredung

Don, nachdem er die Tochter nachdrücklich gewarnt hatte, durch die hämische Aufmerksamkeit seines stolzen
Sohnes verraten worden war, entrüstete ihn dergestalt,
dass er sie in dem Karmeliterkloster[1] unsrer lieben Frauen
5 vom Berge daselbst unterbrachte.

Durch einen glücklichen Zufall hatte Jeronimo hier die
Verbindung von Neuem anzuknüpfen gewusst, und in
einer verschwiegenen Nacht den Klostergarten zum
Schauplatze seines vollen Glückes[2] gemacht. Es war am
10 Fronleichnamsfeste[3], und die feierliche Prozession[4] der
Nonnen, welchen die Novizen[5] folgten, nahm eben ihren
Anfang, als die unglückliche Josephe, bei dem Anklange
der Glocken, in Mutterwehen auf den Stufen der Kathedrale niedersank.

15 Dieser Vorfall machte außerordentliches Aufsehn; man
brachte die junge Sünderin, ohne Rücksicht auf ihren Zustand, sogleich in ein Gefängnis, und kaum war sie aus
den Wochen[6] erstanden, als ihr schon, auf Befehl des Erzbischofs, der geschärfteste Prozess[7] gemacht ward. Man
20 sprach in der Stadt mit einer so großen Erbitterung von
diesem Skandal, und die Zungen fielen so scharf über das
ganze Kloster her, in welchem er sich zugetragen hatte,
dass weder die Fürbitte der Familie Asteron noch auch
sogar der Wunsch der Äbtissin[8] selbst, welche das junge
25 Mädchen wegen ihres sonst untadelhaften Betragens lieb
gewonnen hatte, die Strenge, mit welcher das klösterliche

---

[1] Der nach dem Berg Karmel in Israel benannte mittelalterliche Bet-
    telorden widmete sich der Seelsorge und unterhielt auch ein Klo-
    ster in Santiago. Es war in adligen Familien lange Zeit üblich, „uneh-
    renhaft" gewordene Töchter in Klöstern lebenslang einzusperren.

[2] Anspielung auf den Liebesakt

[3] „Fronleichnam" bezeichnet den in der geweihten Hostie (Oblate)
    gegenwärtigen Leib Christi. Das katholische Fest am zweiten Don-
    nerstag nach Pfingsten wird mit Prozessionen (Umzügen) gefeiert.

[4] siehe Anm. 3

[5] Personen, die in ein Kloster aufgenommen werden wollen und vor
    der Ablegung des Gelübdes dort ihre Probezeit verbringen

[6] Bettruhe nach der Entbindung

[7] Verfahren ohne alle Rücksicht auf mildernde Umstände, zu dem
    auch die Folter gehören konnte

[8] Vorsteherin in einem Kloster

Gesetz[1] sie bedrohte, mildern konnte. Alles, was geschehen konnte, war, dass der Feuertod[2], zu dem sie verurteilt wurde, zur großen Entrüstung der Matronen[3] und Jungfrauen von St. Jago, durch einen Machtspruch des Vizekönigs, in eine Enthauptung verwandelt ward.

Man vermietete in den Straßen, durch welche der Hinrichtungszug gehen sollte, die Fenster, man trug die Dächer der Häuser ab, und die frommen Töchter der Stadt luden ihre Freundinnen ein, um dem Schauspiele, das der göttlichen Rache gegeben wurde, an ihrer schwesterlichen Seite beizuwohnen.

Jeronimo, der inzwischen auch in ein Gefängnis gesetzt worden war, wollte die Besinnung verlieren, als er diese ungeheure Wendung der Dinge erfuhr. Vergebens sann er auf Rettung: überall, wohin ihn auch der Fittig[4] der vermessensten Gedanken trug, stieß er auf Riegel und Mauern, und ein Versuch, die Gitterfenster zu durchfeilen, zog ihm, da er entdeckt ward, eine nur noch engere Einsperrung zu. Er warf sich vor dem Bildnisse der heiligen Mutter Gottes nieder, und betete mit unendlicher Inbrunst zu ihr, als der Einzigen, von der ihm jetzt noch Rettung kommen könnte.

Doch der gefürchtete Tag erschien, und mit ihm in seiner Brust die Überzeugung von der völligen Hoffnungslosigkeit seiner Lage. Die Glocken, welche Josephen zum Richtplatz begleiteten, ertönten, und Verzweiflung bemächtigte sich seiner Seele. Das Leben schien ihm verhasst, und er beschloss, sich durch einen Strick, den ihm der Zufall gelassen hatte, den Tod zu geben. Eben stand er, wie schon gesagt, an einem Wandpfeiler und befestigte den Strick, der ihn dieser jammervollen Welt entreißen sollte, an eine Eisenklammer, die an dem Gesimse[5] derselben eingefugt war; als plötzlich der größte Teil der Stadt, mit einem Ge-

---

[1] die Bestrafung sexueller Kontakte von Nonnen mit dem Tode (in Wirklichkeit hat dieses Gesetz so nicht existiert)

[2] qualvolle Hinrichtung durch Verbrennen

[3] verheiratete oder verwitwete Frauen

[4] Flügel

[5] aus der Mauer hervortretendes, waagerecht verlaufendes Element eines Bauwerks

krache, als ob das Firmament[1] einstürzte, versank, und alles, was Leben atmete, unter seinen Trümmern begrub. Jeronimo Rugera war starr vor Entsetzen; und gleich als ob sein ganzes Bewusstsein zerschmettert worden wäre, hielt er sich jetzt an dem Pfeiler, an welchem er hatte sterben wollen, um nicht umzufallen. Der Boden wankte unter seinen Füßen, alle Wände des Gefängnisses rissen, der ganze Bau neigte sich, nach der Straße zu einzustürzen, und nur der, seinem langsamen Fall begegnende, Fall des gegenüberstehenden Gebäudes verhinderte, durch eine zufällige Wölbung, die gänzliche Zubodenstreckung desselben. Zitternd, mit sträubenden Haaren und Knien, die unter ihm brechen wollten, glitt Jeronimo über den schiefgesenkten Fußboden hinweg, der Öffnung zu, die der Zusammenschlag beider Häuser in die vordere Wand des Gefängnisses eingerissen hatte.

Kaum befand er sich im Freien, als die ganze, schon erschütterte Straße auf eine zweite Bewegung der Erde völlig zusammenfiel. Besinnungslos[2], wie er sich aus diesem allgemeinen Verderben retten würde, eilte er, über Schutt und Gebälk hinweg, indessen der Tod von allen Seiten Angriffe auf ihn machte, nach einem der nächsten Tore der Stadt. Hier stürzte noch ein Haus zusammen, und jagte ihn, die Trümmer weit umherschleudernd, in eine Nebenstraße; hier leckte die Flamme schon, in Dampfwolken blitzend, aus allen Giebeln, und trieb ihn schreckenvoll in eine andere; hier wälzte sich, aus seinem Gestade[3] gehoben, der Mapochofluss[4] auf ihn heran, und riss ihn brüllend in eine dritte. Hier lag ein Haufen Erschlagener, hier ächzte noch eine Stimme unter dem Schutte, hier schrien Leute von brennenden Dächern herab, hier kämpften Menschen und Tiere mit den Wellen, hier war ein mutiger Retter bemüht, zu helfen; hier stand ein anderer, bleich wie der Tod, und streckte sprachlos zitternde Hände zum Himmel. Als Jeronimo das Tor erreicht, und einen Hügel

---

[1]   Himmelsgewölbe
[2]   hier: ohne Zeit zum Überlegen
[3]   Ufer
[4]   der Fluss Mapocha, der durch Santiago fließt

jenseits desselben bestiegen hatte, sank er ohnmächtig auf demselben nieder.

Er mochte wohl eine Viertelstunde in der tiefsten Bewusstlosigkeit gelegen haben, als er endlich wieder erwachte, und sich, mit nach der Stadt gekehrtem Rücken, halb auf 5 dem Erdboden erhob. Er befühlte sich Stirn und Brust, unwissend, was er aus seinem Zustande machen sollte, und ein unsägliches Wonnegefühl ergriff ihn, als ein Westwind, vom Meere her, sein wiederkehrendes Leben anwehte, und sein Auge sich nach allen Richtungen über die 10 blühende Gegend von St. Jago hinwandte. Nur die verstörten Menschenhaufen, die sich überall blicken ließen, beklemmten sein Herz; er begriff nicht, was ihn und sie hierher geführt haben konnte, und erst, da er sich umkehrte, und die Stadt hinter sich versunken sah, erinnerte 15 er sich des schrecklichen Augenblicks, den er erlebt hatte. Er senkte sich so tief, dass seine Stirn den Boden berührte, Gott für seine wunderbare Errettung zu danken; und gleich, als ob der eine entsetzliche Eindruck, der sich seinem Gemüt eingeprägt hatte, alle früheren daraus ver- 20 drängt hätte, weinte er vor Lust, dass er sich des lieblichen Lebens, voll bunter Erscheinungen, noch erfreue.

Drauf, als er eines Ringes an seiner Hand gewahrte, erinnerte er sich plötzlich auch Josephens, und mit ihr seines Gefängnisses, der Glocken, die er dort gehört hatte, und 25 des Augenblicks, der dem Einsturze desselben vorangegangen war. Tiefe Schwermut erfüllte wieder seine Brust; sein Gebet fing ihn zu reuen an, und fürchterlich schien ihm das Wesen, das über den Wolken waltet. Er mischte sich unter das Volk, das überall, mit Rettung des Eigen- 30 tums beschäftigt, aus den Toren stürzte, und wagte schüchtern, nach der Tochter Asterons, und ob die Hinrichtung an ihr vollzogen worden sei, zu fragen; doch niemand war, der ihm umständliche[1] Auskunft gab. Eine Frau, die auf einem fast zur Erde gedrückten Nacken eine 35 ungeheure Last von Gerätschaften und zwei Kinder, an der Brust hängend, trug, sagte im Vorbeigehen, als ob sie es selbst angesehen hätte: dass sie enthauptet worden sei.

---

[1] hier: detaillierte (alle Umstände berücksichtigende)

Jeronimo kehrte sich um[1]; und da er, wenn er die Zeit berechnete, selbst an ihrer Vollendung[2] nicht zweifeln konnte, so setzte er sich in einem einsamen Walde nieder, und überließ sich seinem vollen Schmerz. Er wünschte,
5 dass die zerstörende Gewalt der Natur von Neuem über ihn einbrechen[3] möchte. Er begriff nicht, warum er dem Tode, den seine jammervolle Seele so suchte, in jenen Augenblicken, da er ihm freiwillig von allen Seiten rettend erschien, entflohen sei. Er nahm sich fest vor, nicht zu
10 wanken, wenn auch jetzt die Eichen entwurzelt werden, und ihre Wipfel über ihn zusammenstürzen sollten. Darauf nun, da er sich ausgeweint hatte, und ihm, mitten unter den heißesten Tränen, die Hoffnung wieder erschienen war, stand er auf, und durchstreifte nach allen Rich-
15 tungen das Feld. Jeden Berggipfel, auf dem sich die Menschen versammelt hatten, besuchte er; auf allen Wegen, wo sich der Strom der Flucht noch bewegte, begegnete er ihnen; wo nur irgendein weibliches Gewand im Winde flatterte, da trug ihn sein zitternder Fuß hin: doch keines
20 deckte die geliebte Tochter Asterons. Die Sonne neigte sich, und mit ihr seine Hoffnung schon wieder zum Untergange, als er den Rand eines Felsens betrat, und sich ihm die Aussicht in ein weites, nur von wenig Menschen besuchtes Tal eröffnete. Er durchlief, unschlüssig, was er
25 tun sollte, die einzelnen Gruppen derselben, und wollte sich schon wieder wenden, als er plötzlich an einer Quelle, die die Schlucht bewässerte, ein junges Weib erblickte, beschäftigt, ein Kind in seinen Fluten[4] zu reinigen. Und das Herz hüpfte ihm bei diesem Anblick: er sprang voll
30 Ahndung[5] über die Gesteine herab, und rief: O Mutter Gottes, du Heilige!, und erkannte Josephen, als sie sich bei

---

[1] kehrte um, vgl. auch S. 58, Z. 21 und S. 65, Z. 8

[2] „ihre Vollendung" lässt sich sowohl auf „die Zeit" beziehen (dann ist die Vollendung der Hinrichtung gemeint) als auch auf Josephe, da „Vollendung" nach damaligem Sprachgebrauch ein beschönigender Ausdruck für den Tod sein kann.

[3] hereinbrechen

[4] Korrekt wäre „in *ihren* Fluten"; Kleist wählt das Possessivpronomen vermutlich aus lautlichen Gründen (Angleichung an ei-Laute).

[5] ältere Schreibweise von „Ahnung"

dem Geräusche schüchtern umsah. Mit welcher Seligkeit
umarmten sie sich, die Unglücklichen, die ein Wunder des
Himmels gerettet hatte!

Josephe war, auf ihrem Gang zum Tode, dem Richtplatze
schon ganz nahe gewesen, als durch den krachenden Ein- 5
sturz der Gebäude plötzlich der ganze Hinrichtungszug
auseinandergesprengt ward. Ihre ersten entsetzensvollen
Schritte trugen sie hierauf dem nächsten Tore zu; doch die
Besinnung kehrte ihr bald wieder, und sie wandte sich,
um nach dem Kloster zu eilen, wo ihr kleiner, hülfloser[1] 10
Knabe zurückgeblieben war. Sie fand das ganze Kloster
schon in Flammen, und die Äbtissin, die ihr in jenen Augenblicken, die ihre letzten sein sollten, Sorge für den
Säugling angelobt[2] hatte, schrie eben, vor den Pforten stehend, nach Hülfe, um ihn zu retten. Josephe stürzte sich, 15
unerschrocken durch den Dampf, der ihr entgegen-
qualmte, in das von allen Seiten schon zusammenfallende
Gebäude, und gleich, als ob alle Engel des Himmels sie
umschirmten, trat sie mit ihm unbeschädigt wieder aus
dem Portal hervor. Sie wollte der Äbtissin, welche die 20
Hände über ihr Haupt zusammenschlug, eben in die
Arme sinken, als diese, mit fast allen ihren Klosterfrauen[3],
von einem herabfallenden Giebel des Hauses, auf eine
schmähliche Art erschlagen ward. Josephe bebte bei diesem entsetzlichen Anblicke zurück; sie drückte der Äbtis- 25
sin flüchtig die Augen zu, und floh, ganz von Schrecken
erfüllt, den teuern Knaben, den ihr der Himmel wieder
geschenkt hatte, dem Verderben zu entreißen.

Sie hatte noch wenig Schritte getan, als ihr auch schon die
Leiche des Erzbischofs begegnete[4], die man soeben zer- 30
schmettert aus dem Schutt der Kathedrale hervorgezogen
hatte. Der Palast des Vizekönigs war versunken, der Ge-
richtshof, in welchem ihr das Urteil gesprochen worden
war, stand in Flammen, und an die Stelle, wo sich ihr vä-
terliches Haus befunden hatte, war ein See getreten, und 35

---

[1] ältere Schreibweise von „hilfloser"
[2] versprochen
[3] Nonnen
[4] hier: entgegengetragen wurde

kochte rötliche Dämpfe aus. Josephe raffte alle ihre Kräfte zusammen, sich zu halten. Sie schritt, den Jammer von ihrer Brust entfernend, mutig mit ihrer Beute[1] von Straße zu Straße, und war schon dem Tore nah, als sie auch das
5 Gefängnis, in welchem Jeronimo geseufzt hatte, in Trümmern sah. Bei diesem Anblicke wankte sie, und wollte besinnungslos an einer Ecke niedersinken; doch in demselben Augenblick jagte sie der Sturz eines Gebäudes hinter ihr, das die Erschütterungen schon ganz aufgelöst hat-
10 ten, durch das Entsetzen gestärkt, wieder auf; sie küsste das Kind, drückte sich die Tränen aus den Augen, und erreichte, nicht mehr auf die Gräuel, die sie umringten, achtend, das Tor. Als sie sich im Freien sah, schloss sie bald, dass nicht jeder, der ein zertrümmertes Gebäude
15 bewohnt hatte, unter ihm notwendig müsse zerschmettert worden sein.
An dem nächsten Scheidewege[2] stand sie still, und harrte, ob nicht einer, der ihr, nach dem kleinen Philipp, der Liebste auf der Welt war, noch erscheinen würde. Sie ging,
20 weil niemand kam, und das Gewühl der Menschen anwuchs, weiter, und kehrte sich wieder um, und harrte wieder; und schlich, viel Tränen vergießend, in ein dunkles, von Pinien beschattetes Tal, um seiner Seele, die sie entflohen[3] glaubte, nachzubeten; und fand ihn hier, diesen
25 Geliebten, im Tale, und Seligkeit, als ob es das Tal von Eden[4] gewesen wäre.
Dies alles erzählte sie jetzt voll Rührung dem Jeronimo, und reichte ihm, da sie vollendet hatte, den Knaben zum Küssen dar. – Jeronimo nahm ihn, und hätschelte ihn in
30 unsäglicher Vaterfreude, und verschloss ihm, da er das fremde Antlitz anweinte, mit Liebkosungen ohne Ende den Mund. Indessen war die schönste Nacht herabgestiegen, voll wundermilden Duftes, so silberglänzend und still, wie nur ein Dichter davon träumen mag. Überall,
35 längs der Talquelle, hatten sich, im Schimmer des Mond-

---

[1] mit ihrem Kind
[2] Weggabelung
[3] nach dem Tod ins Jenseits verschieden
[4] Paradies; wörtlich zu übersetzen ist das hebräische Wort „Eden"
mit „Wonne".

scheins, Menschen niedergelassen, und bereiteten sich sanfte Lager von Moos und Laub, um von einem so qualvollen Tage auszuruhen. Und weil die Armen immer noch jammerten; dieser, dass er sein Haus, jener, dass er Weib und Kind, und der Dritte, dass er alles verloren habe: so ₅ schlichen Jeronimo und Josephe in ein dichteres Gebüsch, um durch das heimliche Gejauchz ihrer Seelen niemand zu betrüben. Sie fanden einen prachtvollen Granatapfelbaum[1], der seine Zweige, voll duftender Früchte, weit ausbreitete; und die Nachtigall flötete im Wipfel ihr wol- ₁₀ lüstiges Lied. Hier ließ sich Jeronimo am Stamme nieder, und Josephe in seinem, Philipp in Josephens Schoß, saßen sie, von seinem Mantel bedeckt, und ruhten. Der Baumschatten zog, mit seinen verstreuten Lichtern, über sie hinweg, und der Mond erblasste schon wieder vor der ₁₅ Morgenröte, ehe sie einschliefen. Denn Unendliches hatten sie zu schwatzen[2] vom Klostergarten und den Gefängnissen, und was sie um einander gelitten hätten; und waren sehr gerührt, wenn sie dachten, wie viel Elend über die Welt kommen musste, damit sie glücklich würden! ₂₀ Sie beschlossen, sobald die Erderschütterungen aufgehört haben würden, nach La Conception[3] zu gehen, wo Josephe eine vertraute Freundin hatte, sich mit einem kleinen Vorschuss, den sie von ihr zu erhalten hoffte, von dort nach Spanien einzuschiffen, wo Jeronimos mütterliche Ver- ₂₅ wandten wohnten, und daselbst ihr glückliches Leben zu beschließen. Hierauf, unter vielen Küssen, schliefen sie ein.

Als sie erwachten, stand die Sonne schon hoch am Himmel, und sie bemerkten in ihrer Nähe mehrere Familien, ₃₀ beschäftigt, sich am Feuer ein kleines Morgenbrot zu be-

---

[1] In der christlichen Mythologie ist der Granatapfelbaum der Baum der Erkenntnis im Paradies; in der griechischen Mythologie ist der Granatapfel ein Todessymbol: Persephone verfällt dem Hades, als sie den Granatapfel isst, den ihr der Gott der Unterwelt gegeben hat.

[2] lebhaft sprechen, ohne negative Bedeutung

[3] Name einer Provinzhauptstadt in Mittelchile; wörtl. übersetzt „Empfängnis" (zum Gedächtnis an die unbefleckte Empfängnis Marias)

reiten. Jeronimo dachte eben auch, wie er Nahrung für die Seinigen herbeischaffen sollte, als ein junger wohlgekleideter Mann, mit einem Kinde auf dem Arm, zu Josephen trat, und sie mit Bescheidenheit fragte: ob sie diesem armen Wurme, dessen Mutter dort unter den Bäumen beschädigt liege, nicht auf kurze Zeit ihre Brust reichen wolle? Josephe war ein wenig verwirrt, als sie in ihm einen Bekannten erblickte; doch da er, indem er ihre Verwirrung falsch deutete, fortfuhr: Es ist nur auf wenige Augenblicke, Donna Josephe, und dieses Kind hat, seit jener Stunde, die uns alle unglücklich gemacht hat, nichts genossen[1]; so sagte sie: „Ich schwieg – aus einem andern Grunde, Don Fernando; in diesen schrecklichen Zeiten weigert sich niemand, von dem, was er besitzen mag, mitzuteilen[2]": und nahm den kleinen Fremdling, indem sie ihr eigenes Kind dem Vater gab, und legte ihn an ihre Brust. Don Fernando war sehr dankbar für diese Güte, und fragte: ob sie sich nicht mit ihm zu jener Gesellschaft verfügen wollten, wo eben jetzt beim Feuer ein kleines Frühstück bereitet werde? Josephe antwortete, dass sie dies Anerbieten[3] mit Vergnügen annehmen würde, und folgte ihm, da auch Jeronimo nichts einzuwenden hatte, zu seiner Familie, wo sie auf das Innigste und Zärtlichste von Don Fernandos beiden Schwägerinnen, die sie als sehr würdige junge Damen kannte, empfangen ward.
Donna Elvire, Don Fernandos Gemahlin, welche schwer an den Füßen verwundet auf der Erde lag, zog Josephen, da sie ihren abgehärmten Knaben an der Brust derselben sah, mit vieler Freundlichkeit zu sich nieder. Auch Don Pedro, sein Schwiegervater, der an der Schulter verwundet war, nickte ihr liebreich mit dem Haupte zu. –
In Jeronimos und Josephens Brust regten sich Gedanken von seltsamer Art. Wenn sie sich mit so vieler Vertraulichkeit und Güte behandelt sahen, so wussten sie nicht, was sie von der Vergangenheit denken sollten, vom Richtplatze, von dem Gefängnisse, und der Glocke; und ob sie bloß

---

[1] gegessen oder getrunken
[2] hergeben, mit anderen zu teilen
[3] Angebot

davon geträumt hätten? Es war, als ob die Gemüter, seit dem fürchterlichen Schlage, der sie durchdröhnt hatte, alle versöhnt wären. Sie konnten in der Erinnerung gar nicht weiter, als bis auf ihn[1], zurückgehen. Nur Donna Elisabeth, welche bei einer Freundin, auf das Schauspiel des gestrigen Morgens, eingeladen worden war, die Einladung aber nicht angenommen hatte, ruhte zuweilen mit träumerischem Blicke auf Josephen; doch der Bericht, der über irgendein neues grässliches Unglück erstattet ward, riss ihre, der Gegenwart kaum entflohene Seele schon wieder in dieselbe zurück.

Man erzählte, wie die Stadt gleich nach der ersten Haupterschütterung von Weibern ganz voll gewesen, die vor den Augen aller Männer niedergekommen[2] seien; wie die Mönche darin, mit dem Kruzifix in der Hand, umhergelaufen wären, und geschrien hätten: Das Ende der Welt sei da! Wie man einer Wache, die auf Befehl des Vizekönigs verlangte, eine Kirche zu räumen, geantwortet hätte: Es gäbe keinen Vizekönig von Chili mehr! Wie der Vizekönig in den schrecklichsten Augenblicken hätte müssen Galgen aufrichten lassen, um der Dieberei Einhalt zu tun; und wie ein Unschuldiger, der sich von hinten durch ein brennendes Haus gerettet, von dem Besitzer aus Übereilung ergriffen, und sogleich auch aufgeknöpft worden wäre.

Donna Elvire, bei deren Verletzungen Josephe viel beschäftigt war, hatte in einem Augenblick, da gerade die Erzählungen sich am lebhaftesten kreuzten, Gelegenheit genommen, sie zu fragen: Wie es denn ihr an diesem fürchterlichen Tag ergangen sei? Und da Josephe ihr, mit beklemmtem Herzen, einige Hauptzüge davon angab, so ward ihr die Wollust[3], Tränen in die Augen dieser Dame treten zu sehen; Donna Elvire ergriff ihre Hand, und drückte sie, und winkte ihr, zu schweigen. Josephe dünkte sich[4] unter den Seligen. Ein Gefühl, das sie nicht unterdrü-

---

[1] als bis zu dem „Schlage", d.h. bis zu dem Erdbeben
[2] Kinder geboren haben
[3] erfüllte sie tiefe Freude (hier nicht in der heute verengten Bedeutung von sexueller Lust)
[4] wähnte bzw. glaubte sich

cken konnte, nannte den verflossnen Tag, so viel Elend er auch über die Welt gebracht hatte, eine Wohltat, wie der Himmel noch keine über sie verhängt hatte. Und in der Tat schien, mitten in diesen grässlichen Augenblicken, in
5 welchen alle irdischen Güter der Menschen zugrunde gingen, und die ganze Natur verschüttet zu werden drohte, der menschliche Geist selbst, wie eine schöne Blume, aufzugehn. Auf den Feldern, so weit das Auge reichte, sah man Menschen von allen Ständen durcheinanderliegen,
10 Fürsten und Bettler, Matronen und Bäuerinnen, Staatsbeamte und Tagelöhner, Klosterherren und Klosterfrauen[1]: einander bemitleiden, sich wechselseitig Hülfe reichen, von dem, was sie zur Erhaltung ihres Lebens gerettet haben mochten, freudig mitteilen, als ob das allgemeine Un-
15 glück alles, was ihm entronnen war, zu *einer* Familie gemacht hätte.

Statt der nichtssagenden Unterhaltungen, zu welchen sonst die Welt an den Teetischen den Stoff hergegeben hatte, erzählte man jetzt Beispiele von ungeheuern Taten: Men-
20 schen, die man sonst in der Gesellschaft wenig geachtet hatte, hatten Römergröße[2] gezeigt; Beispiele zuhauf von Unerschrockenheit, von freudiger Verachtung der Gefahr, von Selbstverleugnung und der göttlichen Aufopferung, von ungesäumter Wegwerfung des Lebens, als ob es, dem
25 nichtswürdigsten Gute gleich, auf dem nächsten Schritte schon wiedergefunden würde. Ja, da nicht einer war, für den nicht an diesem Tage etwas Rührendes geschehen wäre, oder der nicht selbst etwas Großmütiges getan hätte, so war der Schmerz in jeder Menschenbrust mit so viel
30 süßer Lust vermischt, dass sich, wie sie meinte, gar nicht angeben ließ, ob die Summe des allgemeinen Wohlseins nicht von der einen Seite um ebenso viel gewachsen war, als sie von der anderen abgenommen hatte.

Jeronimo nahm Josephen, nachdem sich beide in diesen
35 Betrachtungen stillschweigend erschöpft hatten, beim Arm, und führte sie mit unaussprechlicher Heiterkeit un-

---

1 Mönche und Nonnen
2 Die antiken Römer galten als Vorbilder der Tugend und Tapferkeit.

ter den schattigen Lauben des Granatwaldes[1] auf und
nieder. Er sagte ihr, dass er, bei dieser Stimmung der Gemüter und dem Umsturz aller Verhältnisse, seinen Entschluss, sich nach Europa einzuschiffen, aufgebe; dass er
vor dem Vizekönig, der sich seiner Sache immer günstig 5
gezeigt, falls er noch am Leben sei, einen Fußfall[2] wagen
würde; und dass er Hoffnung habe (wobei er ihr einen
Kuss aufdrückte), mit ihr in Chili zurückzubleiben. Josephe antwortete, dass ähnliche Gedanken in ihr aufgestie-
gen wären; dass auch sie nicht mehr, falls ihr Vater nur 10
noch am Leben sei, ihn zu versöhnen zweifle; dass sie
aber statt des Fußfalles lieber nach La Conception zu gehen, und von dort aus schriftlich das Versöhnungsge-
schäft mit dem Vizekönig zu betreiben rate, wo man auf
jeden Fall in der Nähe des Hafens wäre, und für den Be- 15
sten[3], wenn das Geschäft die erwünschte Wendung näh-
me, ja leicht wieder nach St. Jago zurückkehren könnte.
Nach einer kurzen Überlegung gab Jeronimo der Klugheit dieser Maßregel seinen Beifall[4], führte sie noch ein
wenig, die heitern Momente der Zukunft überfliegend, in 20
den Gängen umher, und kehrte mit ihr zur Gesellschaft
zurück.
Inzwischen war der Nachmittag herangekommen, und
die Gemüter der herumschwärmenden[5] Flüchtlinge hatten sich, da die Erdstöße nachließen, nur kaum wieder ein 25
wenig beruhigt, als sich schon die Nachricht verbreitete,
dass in der Dominikanerkirche[6], der einzigen, welche das
Erdbeben verschont hatte, eine feierliche Messe von dem

---

1 Wald aus Granatapfelbäumen, vgl. Anm. 1, S. 59
2 Geste der Unterwerfung, Kniefall
3 im besten Falle
4 stimmte Jeronimo dieser Maßnahme zu
5 in der Doppelbedeutung von „sich ziellos hin und her bewegen"
   sowie „fantastische (illusionäre) Vorstellungen oder Visionen entwickeln"
6 Der vom Heiligen Dominikus (um 1181–1221) gegründete Bettel-
   orden hat besonders streng auf die Reinhaltung der katholischen
   Lehre geachtet und seit 1232 eine führende Rolle in der Inquisition
   gespielt.

Prälaten[1] des Klosters selbst gelesen werden würde, den
Himmel um Verhütung ferneren Unglücks anzuflehen.
Das Volk brach schon aus allen Gegenden auf, und eilte in
Strömen zur Stadt. In Don Fernandos Gesellschaft ward
5 die Frage aufgeworfen, ob man nicht auch an dieser Feierlichkeit teilnehmen, und sich dem allgemeinen Zuge
anschließen solle? Donna Elisabeth erinnerte, mit einiger
Beklemmung, was für ein Unheil gestern in der Kirche
vorgefallen sei; dass solche Dankfeste ja wiederholt wer-
10 den würden, und dass man sich der Empfindung alsdann,
weil die Gefahr schon mehr vorüber wäre, mit desto größerer Heiterkeit und Ruhe überlassen könnte. Josephe
äußerte, indem sie mit einiger Begeisterung sogleich aufstand, dass sie den Drang, ihr Antlitz vor dem Schöpfer in
15 den Staub zu legen, niemals lebhafter empfunden habe,
als eben jetzt, wo er seine unbegreifliche und erhabene
Macht so entwickle. Donna Elvire erklärte sich mit Lebhaftigkeit für Josephens Meinung. Sie bestand darauf,
dass man die Messe hören sollte, und rief Don Fernando
20 auf, die Gesellschaft zu führen, worauf sich alles, Donna
Elisabeth auch, von den Sitzen erhob. Da man jedoch Letztere, mit heftig arbeitender Brust[2], die kleinen Anstalten
zum Aufbruche zaudernd betreiben sah, und sie, auf die
Frage: Was ihr fehle?, antwortete: Sie wisse nicht, welch
25 eine unglückliche Ahndung in ihr sei?, so beruhigte sie
Donna Elvire, und forderte sie auf, bei ihr und ihrem kran-
ken Vater zurückzubleiben. Josephe sagte: So werden Sie
mir wohl, Donna Elisabeth, diesen kleinen Liebling ab-
nehmen, der sich schon wieder, wie Sie sehen, bei mir
30 eingefunden hat. Sehr gern, antwortete Donna Elisabeth,
und machte Anstalten, ihn zu ergreifen; doch da dieser
über das Unrecht, das ihm geschah, kläglich schrie, und
auf keine Art dareinwilligte, so sagte Josephe lächelnd,
dass sie ihn nur behalten wolle, und küsste ihn wieder
35 still. Hierauf bot Don Fernando, dem die ganze Würdigkeit und Anmut ihres Betragens sehr gefiel, ihr den Arm;
Jeronimo, welcher den kleinen Philipp trug, führte Donna

---

[1] hoher kirchlicher Amtsträger
[2] mit heftig bebender oder bewegter Brust

Constanzen; die übrigen Mitglieder, die sich bei der Gesellschaft eingefunden hatten, folgten; und in dieser Ordnung ging der Zug nach der Stadt.

Sie waren kaum funfzig Schritte gegangen, als man Donna Elisabeth, welche inzwischen heftig und heimlich mit Donna Elvire gesprochen hatte, Don Fernando! rufen hörte, und dem Zuge mit unruhigen Tritten nacheilen sah. Don Fernando hielt, und kehrte sich um; harrte ihrer, ohne Josephen loszulassen, und fragte, da sie, gleich als ob sie auf sein Entgegenkommen wartete, in einiger Ferne stehen blieb: Was sie wolle? Donna Elisabeth näherte sich ihm hierauf, obschon, wie es schien, mit Widerwillen, und raunte ihm, doch so, dass Josephe es nicht hören konnte, einige Worte ins Ohr. Nun?, fragte Don Fernando: und das Unglück, das daraus entstehen kann? Donna Elisabeth fuhr fort, ihm mit verstörtem Gesicht ins Ohr zu zischeln. Don Fernando stieg eine Röte des Unwillens ins Gesicht; er antwortete: Es wäre gut! Donna Elvire möchte sich beruhigen; und führte seine Dame weiter. –

Als sie in der Kirche der Dominikaner ankamen, ließ sich die Orgel schon mit musikalischer Pracht hören, und eine unermessliche Menschenmenge wogte darin. Das Gedränge erstreckte sich bis weit vor den Portalen auf den Vorplatz der Kirche hinaus, und an den Wänden hoch, in den Rahmen der Gemälde, hingen Knaben, und hielten mit erwartungsvollen Blicken ihre Mützen in der Hand. Von allen Kronleuchtern strahlte es herab, die Pfeiler warfen, bei der einbrechenden Dämmerung, geheimnisvolle Schatten, die große von gefärbtem Glas gearbeitete Rose[1] in der Kirche äußerstem Hintergrunde glühte, wie die Abendsonne selbst, die sie erleuchtete, und Stille herrschte, da die Orgel jetzt schwieg, in der ganzen Versammlung, als hätte keiner einen Laut in der Brust. Niemals schlug aus einem christlichen Dom eine solche Flamme der Inbrunst gen Himmel, wie heute aus dem

---

[1] Bezeichnung für die runden, kunstvoll gestalteten Glasfenster in spätromanischen und gotischen Kirchen. Symbolisch steht die Rose für Christus oder Maria bzw. für die Passion Christi und das Blut der Märtyrer.

Dominikanerdom zu St. Jago; und keine menschliche
Brust gab wärmere Glut dazu her, als Jeronimos und Josephens!

Die Feierlichkeit fing mit einer Predigt an, die der ältesten
5 Chorherren[1] einer, mit dem Festschmuck angetan, von der
Kanzel hielt. Er begann gleich mit Lob, Preis und Dank,
seine zitternden, vom Chorhemde weit umflossenen Hände hoch gen Himmel erhebend, dass noch Menschen
seien, auf diesem, in Trümmer zerfallenden Teile der Welt,
10 fähig, zu Gott empor zu stammeln. Er schilderte, was auf
den Wink des Allmächtigen geschehen war; das Weltge-
richt[2] kann nicht entsetzlicher sein; und als er das gestrige
Erdbeben gleichwohl, auf einen Riss, den der Dom erhalten hatte, hinzeigend, einen bloßen Vorboten davon nann-
15 te, lief ein Schauder über die ganze Versammlung. Hierauf
kam er, im Flusse priesterlicher Beredsamkeit, auf das
Sittenverderbnis der Stadt; Gräuel, wie Sodom und Go-
morrha[3] sie nicht sahen, straft' er an ihr; und nur der unendlichen Langmut Gottes schrieb er es zu, dass sie noch
20 nicht gänzlich vom Erdboden vertilgt worden sei.

Aber wie dem Dolche gleich fuhr es durch die von dieser
Predigt schon ganz zerrissenen Herzen unserer beiden
Unglücklichen, als der Chorherr bei dieser Gelegenheit
umständlich des Frevels erwähnte, der in dem Klostergar-
25 ten der Karmeliterinnen verübt worden war; die Scho-
nung, die er bei der Welt gefunden hatte, gottlos nannte,
und in einer von Verwünschungen erfüllten Seitenwen-
dung, die Seelen der Täter, wörtlich genannt, allen Fürsten
der Hölle übergab! Donna Constanze rief, indem sie an
30 Jeronimos Armen zuckte: Don Fernando! Doch dieser antwortete so nachdrücklich und doch so heimlich, wie sich
beides verbinden ließ: „Sie schweigen, Donna, Sie rühren
auch den Augapfel nicht, und tun, als ob Sie in eine Ohn-

---

[1] Mitglied eines Kollegiums von Priestern an einer Dom- oder Stifts-
kirche bzw. stimmberechtigte Mitglieder eines Klosters, auch Kano-
niker oder Kapitulare genannt
[2] das Jüngste Gericht
[3] Städte am Südende des Toten Meeres, die nach biblischer Überlieferung (1. Mose 19) wegen der Unzucht ihrer Bewohner zerstört
wurden

macht versänken; worauf wir die Kirche verlassen." Doch
ehe Donna Constanze diese sinnreiche zur Rettung erfundene Maßregel noch ausgeführt hatte, rief schon eine
Stimme, des Chorherrn Predigt laut unterbrechend, aus:
Weichet fern hinweg, ihr Bürger von St. Jago, hier stehen ₅
diese gottlosen Menschen! Und als eine andere Stimme
schreckenvoll, indessen sich ein weiter Kreis des Entset-
zens um sie bildete, fragte: Wo? Hier!, versetzte ein Dritter,
und zog, heiliger Ruchlosigkeit[1] voll, Josephen bei den
Haaren nieder, dass sie mit Don Fernandos Sohne zu Bo- ₁₀
den getaumelt wäre, wenn dieser sie nicht gehalten hätte.
„Seid ihr wahnsinnig?", rief der Jüngling, und schlug den
Arm um Josephen: „ich bin Don Fernando Ormez, Sohn
des Kommandanten der Stadt, den ihr alle kennt." Don
Fernando Ormez?, rief, dicht vor ihn hingestellt, ein ₁₅
Schuhflicker, der für Josephen gearbeitet hatte, und diese
wenigstens so genau kannte, als ihre kleinen Füße. Wer ist
der Vater zu diesem Kinde?, wandte er sich mit frechem
Trotz zur Tochter Asterons. Don Fernando erblasste bei
dieser Frage. Er sah bald den Jeronimo schüchtern an, bald ₂₀
überflog er die Versammlung, ob nicht einer sei, der ihn
kenne? Josephe rief, von entsetzlichen Verhältnissen ge-
drängt: Dies ist nicht mein Kind, Meister Pedrillo, wie Er
glaubt; indem sie, in unendlicher Angst der Seele, auf Don
Fernando blickte: dieser junge Herr ist Don Fernando Or- ₂₅
mez, Sohn des Kommandanten der Stadt, den ihr alle
kennt! Der Schuster fragte: Wer von euch, ihr Bürger,
kennt diesen jungen Mann? Und mehrere der Umstehen-
den wiederholten: Wer kennt den Jeronimo Rugera? Der
trete vor! Nun traf es sich, dass in demselben Augenblicke ₃₀
der kleine Juan, durch den Tumult erschreckt, von Josephens Brust weg Don Fernando in die Arme strebte. Hierauf: Er *ist* der Vater!, schrie eine Stimme; und: Er *ist* Jeronimo Rugera!, eine andere; und: Sie *sind* die gottes-
lästerlichen Menschen!, eine dritte; und: Steinigt sie! Stei- ₃₅
nigt sie!, die ganze im Tempel Jesu versammelte Christen-
heit! Drauf jetzt Jeronimo: Halt! Ihr Unmenschlichen!

---

[1] Gemeinheit, Gewissenlosigkeit, Niedertracht

Wenn ihr den Jeronimo Rugera sucht: Hier ist er! Befreit jenen Mann, welcher unschuldig ist! –
Der wütende Haufen, durch die Äußerung Jeronimos verwirrt, stutzte; mehrere Hände ließen Don Fernando los;
5 und da in demselben Augenblick ein Marineoffizier von bedeutendem Rang herbeieilte, und, indem er sich durch den Tumult drängte, fragte: Don Fernando Ormez! Was ist Euch widerfahren? So antwortete dieser, nun völlig befreit, mit wahrer heldenmütiger Besonnenheit: „Ja, se-
10 hen Sie, Don Alonzo, die Mordknechte! Ich wäre verloren gewesen, wenn dieser würdige Mann sich nicht, die rasende Menge zu beruhigen, für Jeronimo Rugera ausgegeben hätte. Verhaften Sie ihn, wenn Sie die Güte haben wollen, nebst dieser jungen Dame, zu ihrer beiderseitigen
15 Sicherheit; und diesen Nichtswürdigen", indem er Meister Pedrillo ergriff, „der den ganzen Aufruhr angezettelt hat!" Der Schuster rief: Don Alonzo Onoreja[1], ich frage Euch auf Euer Gewissen, ist dieses Mädchen nicht Josephe Asteron? Da nun Don Alonzo, welcher Josephen sehr ge-
20 nau kannte, mit der Antwort zauderte, und mehrere Stimmen, dadurch von Neuem zur Wut entflammt, riefen: Sie ist's, sie ist's! und: Bringt sie zu Tode!, so setzte Josephe den kleinen Philipp, den Jeronimo bisher getragen hatte, samt dem kleinen Juan, auf Don Fernandos Arm, und
25 sprach: Gehn Sie, Don Fernando, retten Sie Ihre beiden Kinder, und überlassen Sie uns unserm Schicksale!
Don Fernando nahm die beiden Kinder und sagte: Er wolle eher umkommen, als zugeben[2], dass seiner Gesellschaft etwas zuleide geschehe. Er bot Josephen, nachdem er sich
30 den Degen des Marineoffiziers ausgebeten hatte, den Arm, und forderte das hintere Paar auf, ihm zu folgen. Sie kamen auch wirklich, indem man ihnen, bei solchen Anstalten, mit hinlänglicher Ehrerbietigkeit Platz machte, aus der Kirche heraus, und glaubten sich gerettet. Doch
35 kaum waren sie auf den von Menschen gleichfalls erfüllten Vorplatz derselben getreten, als eine Stimme aus

---

[1] sprechender Name, der an das spanische Wort für „Ehre" (honor) anklingt
[2] hier: zulassen

dem rasenden Haufen, der sie verfolgt hatte, rief: Dies ist
Jeronimo Rugera, ihr Bürger, denn ich bin sein eigner Vater!, und ihn an Donna Constanzens Seite mit einem un-
geheuren Keulenschlage zu Boden streckte. Jesus Maria!,
rief Donna Constanze, und floh zu ihrem Schwager; doch: 5
Klostermetze[1]!, erscholl es schon, mit einem zweiten Keulenschlage, von einer andern Seite, der sie leblos neben
Jeronimo niederwarf. Ungeheuer!, rief ein Unbekannter:
dies war Donna Constanze Xares! Warum belogen sie
uns!, antwortete der Schuster; sucht die rechte auf, und 10
bringt sie um! Don Fernando, als er Constanzens Leich-
nam erblickte, glühte vor Zorn; er zog und schwang das
Schwert, und hieb, dass er ihn gespalten hätte, den fana-
tischen Mordknecht, der diese Gräuel veranlasste, wenn
derselbe nicht, durch eine Wendung, dem wütenden 15
Schlag entwichen wäre. Doch da er die Menge, die auf ihn
eindrang, nicht überwältigen konnte: Leben Sie wohl, Don
Fernando mit den Kindern!, rief Josephe – und: Hier mor-
det mich, ihr blutdürstenden Tiger!, und stürzte sich freiwillig unter sie, um dem Kampf ein Ende zu machen. 20
Meister Pedrillo schlug sie mit der Keule nieder. Darauf
ganz mit ihrem Blute besprützt[2]: Schickt ihr den Bastard[3]
zur Hölle nach!, rief er, und drang, mit noch ungesättigter
Mordlust, von Neuem vor.
Don Fernando, dieser göttliche Held, stand jetzt, den Rü- 25
cken an die Kirche gelehnt; in der Linken hielt er die Kinder, in der Rechten das Schwert. Mit jedem Hiebe wetter-
strahlte[4] er einen zu Boden; ein Löwe wehrt sich nicht
besser. Sieben Bluthunde lagen tot vor ihm, der Fürst der
satanischen Rotte selbst war verwundet. Doch Meister 30
Pedrillo ruhte nicht eher, als bis er der Kinder eines bei
den Beinen von seiner Brust gerissen, und, hochher im
Kreise geschwungen, an eines Kirchpfeilers Ecke zerschmettert hatte. Hierauf ward es still, und alles entfernte
sich. Don Fernando, als er seinen kleinen Juan vor sich 35

---

[1] „Metze" ist eine abwertende Bezeichnung für eine Prostituierte.
[2] ältere Schreibung für „bespritzt"
[3] uneheliches Kind
[4] seltenes, von „Wetterstrahl" (Blitz) abgeleitetes Verb

liegen sah, mit aus dem Hirne vorquellendem Mark[1], hob, voll namenlosen Schmerzes, seine Augen gen Himmel. Der Marineoffizier fand sich wieder bei ihm ein, suchte ihn zu trösten, und versicherte ihn, dass seine Untätigkeit bei diesem Unglück, obschon durch mehrere Umstände gerechtfertigt, ihn reue; doch Don Fernando sagte, dass ihm nichts vorzuwerfen sei, und bat ihn nur, die Leichname jetzt fortschaffen zu helfen. Man trug sie alle, bei der Finsternis der einbrechenden Nacht, in Don Alonzos Wohnung, wohin Don Fernando ihnen, viel über das Antlitz des kleinen Philipp weinend, folgte. Er übernachtete auch bei Don Alonzo, und säumte lange, unter falschen Vorspiegelungen, seine Gemahlin von dem ganzen Umfang des Unglücks zu unterrichten; einmal, weil sie krank war, und dann, weil er auch nicht wusste, wie sie sein Verhalten bei dieser Begebenheit beurteilen würde; doch kurze Zeit nachher, durch einen Besuch zufällig von allem, was geschehen war, benachrichtigt, weinte diese treffliche Dame im Stillen ihren mütterlichen Schmerz aus, und fiel ihm mit dem Rest einer erglänzenden Träne eines Morgens um den Hals und küsste ihn. Don Fernando und Donna Elvire nahmen hierauf den kleinen Fremdling zum Pflegesohn an; und wenn Don Fernando Philippen mit Juan verglich, und wie er beide erworben hatte, so war es ihm fast, als müsst er sich freuen.

---

[1] Hirn

Nach seiner Rückkehr nach Berlin im Jahre 1810 ist Kleist nicht
nur dem psychischen, sondern auch dem finanziellen Ruin nahe.
Dies mag ihn dazu bewogen haben, bei der am 1. Oktober 1810
neu erscheinenden Tageszeitung „Berliner Abendblätter" als
Redakteur mitzuwirken. Hier werden neben mehreren Erzäh- 5
lungen und Aufsätzen auch seine Anekdoten veröffentlicht.
Zwei davon sind im Folgenden abgedruckt.

Anekdote aus dem letzten preußischen Kriege[1]

In einem bei Jena liegenden Dorf, erzählte mir, auf einer
Reise nach Frankfurt, der Gastwirt, dass sich mehrere
Stunden nach der Schlacht[2], um die Zeit, da das Dorf
schon ganz von der Armee des Prinzen von Hohenlohe
verlassen und von Franzosen, die es für besetzt gehalten, 5
umringt gewesen wäre, ein einzelner preußischer Reiter
darin gezeigt hätte; und versicherte mir, dass wenn alle
Soldaten, die an diesem Tage mitgefochten, so tapfer gewesen wären, wie dieser, die Franzosen hätten geschlagen
werden müssen, wären sie auch noch dreimal stärker ge- 10
wesen, als sie in der Tat waren. Dieser Kerl, sprach der
Wirt, sprengte, ganz von Staub bedeckt, vor meinen Gast-
hof, und rief: „Herr Wirt!" Und da ich frage: Was gibt's?
„Ein Glas Branntewein!", antwortet er, indem er sein
Schwert in die Scheide wirft: „mich dürstet." Gott im Him- 15
mel!, sag ich: will Er machen, Freund, dass Er wegkömmt?
Die Franzosen sind ja dicht vor dem Dorf! „Ei, was!",
spricht er, indem er dem Pferde den Zügel über den Hals
legt. „Ich habe den ganzen Tag nichts genossen!" Nun Er
ist, glaub ich, vom Satan besessen –! He! Liese!, rief ich, 20
und schaff ihm eine Flasche Danziger herbei, und sage:
Da!, und will ihm die ganze Flasche in die Hand drücken,

---

[1] Gemeint ist der vierte Koalitionskrieg gegen Frankreich (1806–
    1807).
[2] Gemeint ist die Schlacht bei Jena am 14.10.1806, bei der Napoleon
    einen entscheidenden Sieg über die preußischen Truppen erringen
    konnte.

damit er nur reite. „Ach, was!", spricht er, indem er die
Flasche wegstößt, und sich den Hut abnimmt: „Wo soll ich
mit dem Quark hin?" Und: „Schenk' Er ein!", spricht er,
indem er sich den Schweiß von der Stirn abtrocknet: „denn
5 ich habe keine Zeit!" Nun Er ist ein Kind des Todes, sag
ich. Da!, sag ich, und schenk ihm ein; da! Trink' Er und
reit' Er! Wohl mag's Ihm bekommen: „Noch eins!", spricht
der Kerl; während je Schüsse schon von allen Seiten ins
Dorf prasseln. Ich sage: Noch eins? Plagt Ihn –! „Noch
10 eins!", spricht er, und streckt mir das Glas hin. – „Und gut
gemessen", spricht er, indem er sich den Bart wischt, und
sich vom Pferde herab schneuzt: „denn es wird bar be-
zahlt!" Ei, mein Seel, so wollt' ich doch, dass Ihn –! Da!,
sag ich, und schenk ihm noch, wie er verlangt, ein Zweites
15 und schenk ihm, da er getrunken, noch ein Drittes ein, und
frage: Ist Er nun zufrieden? „Ach!" – Schüttelt sich der
Kerl. „Der Schnaps ist gut! – Na!", spricht er, und setzt sich
den Hut auf: „was bin ich schuldig?" Nichts! Nichts!, ver-
setz ich. Pack' Er sich, ins Teufelsnamen; die Franzosen
20 ziehen augenblicklich ins Dorf! „Na!", sagt er, indem er in
seinen Stiefel greift: „so soll's Ihm Gott lohnen", und holt,
aus dem Stiefel, einen Pfeifenstummel hervor, und spricht,
nachdem er den Kopf ausgeblasen: „Schaff' Er mir Feuer!"
Feuer?, sag ich: plagt Ihn –? „Feuer, ja!", spricht er: „denn
25 ich will mir eine Pfeife Tabak anmachen." Ei, den Kerl
reiten Legionen[1] –! He, Liese, ruf ich das Mädchen! Und
während der Kerl sich die Pfeife stopft, schafft das Mensch[2]
ihm Feuer. „Na!", sagt der Kerl, die Pfeife, die er sich an-
geschmaucht, im Maul: „nun sollen doch die Franzosen
30 die Schwerenot[3] kriegen!" Und damit, indem er sich den
Hut in die Augen drückt, und zum Zügel greift, wendet
er das Pferd und zieht von Leder[4]. Ein Mordkerl!, sag ich;
ein verfluchter, verwetterter Galgenstrick! Will Er sich

---

[1] unbestimmt große Truppen
[2] veraltete Form für „Mädchen", „Magd"; die Verwendung des Neu-
     trums diente der Abwertung der Person
[3] veraltete Bezeichnung für eine Krankheit (speziell Epilepsie), die
     einem durchtriebenen und gerissenen Mann (Schwerenöter) ge-
     wünscht wurde
[4] zieht den Degen

ins Henkers Namen scheren, wo Er hingehört? Drei Chasseurs[1] – sieht Er nicht? Halten ja schon vor dem Tor? „Ei
was!", spricht er, indem er ausspuckt; und fasst die drei
Kerls blitzend ins Auge. „Wenn ihrer zehen wären, ich
fürcht mich nicht." Und in dem Augenblick reiten auch 5
die drei Franzosen schon ins Dorf. „Bassa Manelka[2]!", ruft
der Kerl, und gibt seinem Pferde die Sporen und sprengt
auf sie ein; sprengt, so wahr Gott lebt, auf sie ein, und
greift sie, als ob er das ganze Hohenlohische Korps[3] hinter
sich hätte, an; dergestalt, dass, da die Chasseurs, unge- 10
wiss, ob nicht noch mehr Deutsche im Dorf sein mögen,
einen Augenblick, wider ihre Gewohnheit, stutzen, er,
mein Seel, ehe man noch eine Hand umkehrt, alle drei
vom Sattel haut, die Pferde, die auf dem Platz herumlau-
fen, aufgreift, damit bei mir vorbeisprengt, und: „Bassa 15
Teremtetem[4]!", ruft, und: „Sieht Er wohl, Herr Wirt?" und
„Adies!" und „Auf Wiedersehn!" und: „Hoho! Hoho!
Hoho!" – – So einen Kerl, sprach der Wirt, habe ich zeit
meines Lebens nicht gesehen.

Mutterliebe

Zu St. Omer[5] im nördlichen Frankreich ereignete sich im
Jahr 1803 ein merkwürdiger Vorfall. Daselbst fiel ein großer toller Hund, der schon mehrere Menschen beschädigt
hatte, über zwei, unter einer Haustür spielende, Kinder
her. Eben zerreißt er das jüngste, das sich, unter seinen 5
Klauen, im Blute wälzt; da erscheint, aus einer Nebenstraße, mit einem Eimer Wasser, den sie auf dem Kopf trägt,
die Mutter. Diese, während der Hund die Kinder loslässt,
und auf sie zuspringt, setzt den Eimer neben sich nieder;

---

[1] Jäger in der französischen Armee
[2] Bassa = veraltete Schreibweise für „Pascha"; lautmalender Kampfruf
[3] Heere des Generalmajors Prinz Friedrich Karl Wilhelm von Hohenlohe
[4] lautmalender Kampfruf (vgl. Anm. 2)
[5] kürzere Schreibweise für Saint-Omer (Pas-de-Calais); Kleinstadt im
Norden Frankreichs

und außerstand zu fliehen, entschlossen, das Untier min-
destens mit sich zu verderben[1], umklammert sie, mit Gliedern, gestählt von Wut und Rache, den Hund: sie erdros-
selt ihn, und fällt, von grimmigen Bissen zerfleischt,
ohnmächtig neben ihm nieder. Die Frau begrub noch ihre
Kinder und ward, in wenig Tagen, da sie an der Tollwut[2]
starb, selbst zu ihnen ins Grab gelegt.

---

[1] zugrunde zu richten, zu töten
[2] durch Biss übertragene Viruskrankheit warmblütiger Tiere, die sich
     in rasender Wut äußert

Anhang

1. Heinrich von Kleist

Heinrich von Kleist. Kreidezeichnung von Wilhelmine von Zenge, 1806

Briefe

Kleists Gesellschaftskritik, die er in sein Werk einfließen lässt, klingt auch in seinen Briefen an. Zugleich geben Kleists Briefe gute Einblicke in die Gefühlswelt eines Individuums, das sich zeit seines Lebens auf der Suche nach seiner Identität befindet und hieran verzweifelt.

Heinrich von Kleist: Brief an Ulrike von Kleist

Berlin, den 5. Februar 1801

Ulrike von Kleist

Mein liebes teures Ulrik-chen[1], ich hatte, als ich Schön-feld im Schauspielhause sah, in dem ersten Augenblicke
5 eine unbeschreiblich frohe Hoffnung, dass auch Du in der Nähe sein würdest – und noch jetzt weiß ich nicht recht, warum Du diese gute
10 Gelegenheit, nach Berlin zu kommen, so ungenutzt ge-lassen hast. Recht herzlich würde ich mich darüber gefreut haben, und ob ich gleich weiß, dass Du daran nicht zweifelst, so schreibe ich es doch auf, weil ich mich noch weit mehr
15 darüber gefreut haben würde, als Du glaubst. Denn hier in der ganzen volkreichen Königsstadt ist auch nicht *ein* Mensch, der mir etwas Ähnliches von dem sein könnte, was Du mir bist. Nie denke ich anders an Dich, als mit Stolz und Freude, denn Du bist die Einzige, oder überhaupt der einzige
20 Mensch, von dem ich sagen kann, dass er mich ganz ohne ein eignes Interesse, ganz ohne eigne Absichten, kurz, dass er nur *mich selbst* liebt. Recht schmerzhaft ist es mir, dass ich nicht ein Gleiches von mir sagen kann, obgleich Du es gewiss weit mehr verdienst als ich; denn Du hast zu viel für
25 mich getan, als dass meine Freundschaft, in welche sich

---

[1] Kosename der Ulrike von Kleist, Halbschwester des Dichters

schon die Dankbarkeit mischt, ganz rein sein könnte. Jetzt wieder bietest Du mir durch Schönfeld Deine Hülfe an, und mein unseliges Verhältnis will, dass ich nie geben kann und immer annehmen muss. Kann Wackerbarth mir 200 Rth.[1] geben, so denke ich damit und mit meiner Zulage den äu- 5 ßerst teuren Aufenthalt in Berlin (der mir eigentlich durch die vielen Besuche aus Potsdam teuer wird) bestreiten zu können. Besorge dies, und fürchte nicht, dass ich, wenn ich dankbarer sein muss, Dich weniger aus dem Innersten meiner Seele lieben und ehren werde. – 10
Ich habe lange mit mir selbst gekämpft, ob ich Schönfelds Vorschlag, ihm nach Werben zu folgen, annehmen sollte, oder nicht. Allein ich musste mich für das Letztere bestimmen, aus Gründen, die ich Dir kürzlich wohl angeben kann. Ich wünsche nämlich von ganzem Herzen, diesen für mich 15 traurigen Ort so bald als möglich wieder zu verlassen. So bald ich nach meinem Plan das Studium einiger Wissenschaften hier vollendet habe, so kehre ich ihm den Rücken. Daher wollte ich diesen ersehnten Zeitpunkt nicht gern durch eine Reise weiter herausschieben, als er schon liegt, 20 und daher versagte ich mir das Vergnügen Dich zu sehn – Ach, wie gern hätte ich Dich gesehen in dem stillen Werben, wie vieles hätte ich Dir mitteilen, wie manches von Dir lernen können – Ach, Du weißt nicht, wie es in meinem Innersten aussieht. Aber es interessiert Dich doch? – O 25 gewiss! Und gern möchte ich Dir alles mitteilen, wenn es möglich wäre. Aber es ist nicht möglich, und wenn es auch kein weiteres Hindernis gäbe, als dieses, dass es uns an einem Mittel zur Mitteilung fehlt. Selbst das Einzige, das wir besitzen, die Sprache taugt nicht dazu, sie kann die Seele 30 nicht malen, und was sie uns gibt sind nur zerrissene Bruchstücke. Daher habe ich jedes Mal eine Empfindung, wie ein Grauen, wenn ich jemandem mein Innerstes aufdecken soll; nicht eben weil es sich vor der Blöße scheut, aber weil ich ihm nicht *alles* zeigen kann, nicht *kann*, und daher fürchten 35 muss, aus den Bruchstücken falsch verstanden zu werden.

---

[1] Abkürzung für 200 Reichstaler; reale Münze im Wert von 24 (Reichs-)Groschen zu Beginn des 16. Jh.s, später theoretische Rechnungsmünze

Indessen: auf diese Gefahr will ich es bei Dir wagen und Dir so gut ich kann, in zerrissenen Gedanken mitteilen, was Interesse für Dich haben könnte.

Noch immer habe ich mich nicht für ein Amt entscheiden
5 können und Du kennst die Gründe. Es gibt Gründe für das Gegenteil, und auch diese brauche ich Dir nicht zu sagen. Gern will ich immer tun, was recht ist, aber was soll man tun, wenn man dies nicht weiß? Dieser innere Zustand der Ungewissheit war mir unerträglich, und ich griff um mich zu
10 entscheiden zu jenem Mittel, durch welches jener Römer in dem Zelte Porsennas[1] diesen König, als er über die Friedensbedingungen zauderte, zur Entscheidung zwang. Er zog nämlich mit Kreide einen Kreis um sich und den König und erklärte, keiner von ihnen würde den Kreis überschreiten, ehe
15 der Krieg oder der Friede entschieden wäre. Fast ebenso machte ich es auch. Ich beschloss, nicht aus dem Zimmer zu gehen, bis ich über einen Lebensplan entschieden wäre; aber 8 Tage vergingen, und ich musste doch am Ende das Zimmer unentschlossen wieder verlassen. – Ach Du weißt nicht, Ul-
20 rike, wie mein Innerstes oft erschüttert ist – – Du verstehst dies doch nicht falsch? Ach, es gibt kein Mittel, sich andern *ganz* verständlich zu machen, und der Mensch hat von Natur keinen andren Vertrauten als sich selbst.

Indessen sehe ich doch immer von Tage zu Tage mehr ein,
25 dass ich ganz unfähig bin, ein Amt zu führen. Ich habe mich durchaus daran gewöhnt, eignen Zwecken zu folgen, und dagegen von der Befolgung fremder Zwecke ganz und gar entwöhnt. Letzthin hatte ich eine äußerst widerliche Empfindung. Ich war nämlich in einer Session[2], denen ich immer
30 noch beiwohne, weil ich nicht recht weiß, wie ich mich davon losmachen soll, ohne zu beleidigen. Da wird unter andern Berichten, auch immer im Kurzen Nachricht erteilt von dem Inhalt gewisser Journale über Chemie, Mechanik etc. Eines der Mitglieder schlug einen großen Folianten auf, der

---

[1] Lars Porsenna (zu Beginn des 5. Jh.s v. Chr. gestorben) war etruskischer König der Stadt Clusium (heute: Chiusi) in der Toskana, der Rom eroberte, um seine Herrschaft über die Region Latium auszudehnen.

[2] Sitzung

der 5. Teil so eines neu herausgekommenen französischen Werkes über Mechanik war. Er sagte in allgemeinen Ausdrücken, er habe das Buch freilich nur flüchtig durchblättern können, allein es scheine ihm, als ob es wohl allerdings manches enthalten könne, was die Deputation[1] und ihren Zweck interessiert. Darauf fragte ihn der Präsident, ob er glaubte, dass es nützlich wäre, wenn es von einem Mitgliede ganz durchstudiert würde; und als er dies bejahend beantwortete, so wandte sich der Präsident schnell zu mir und sagte: Nun, Herr v. K., das ist etwas für Sie, nehmen Sie dies Buch zu sich, lesen Sie es durch und statten Sie der Deputation darüber Bericht ab. – Was in diesem Augenblicke alles in meiner Seele vorging, kann ich Dir wieder nicht beschreiben. Ein solches Buch kostet wenigstens 1 Jahr Studium, ist neu, folglich sein Wert noch gar nicht entschieden, würde meinen ganzen Studienplan stören etc. etc. Ich hatte aber zum ersten Mal in 2 Jahren wieder einen Obern vor mir und wusste in der Verlegenheit nichts zu tun, als mit dem Kopfe zu nicken. Das ärgerte mich aber nachher doppelt, ich erinnerte mich mit Freuden, dass ich noch frei war, und beschloss, das Buch ungelesen zu lassen, es folge daraus, was da wolle. – Ich muss fürchten, dass auch dieses missverstanden wird, weil ich wieder nicht alles sagen konnte.

In Gesellschaften komme ich selten. Die jüdischen würden mir die liebsten sein, wenn sie nicht so pretiös[2] mit ihrer Bildung täten. An dem Juden Cohen habe ich eine interessante Bekanntschaft gemacht, nicht sowohl seinetwillen, als wegen seines prächtigen Kabinetts von physikalischen Instrumenten, das er mir zu benutzen erlaubt hat. Zuweilen bin ich bei Clausius, wo die Gäste meistens interessanter sind als die Wirte. Einmal habe ich getanzt und war vergnügt, weil ich zerstreut war. *Huth* ist hier und hat mich in die gelehrte Welt eingeführt, worin ich mich aber so wenig wohl befinde als in der ungelehrten. Diese Menschen sitzen sämtlich wie die Raupe auf einem Blatte, jeder glaubt seines sei das beste, und um den Baum bekümmern sie sich nicht.

---

[1] Abordnung, Ausschuss
[2] ältere Schreibweise von „preziös"; kostbar, wertvoll, gekünstelt

Ach, liebe Ulrike, ich passe mich nicht unter die Menschen,
es ist eine traurige Wahrheit, aber eine Wahrheit; und wenn
ich den Grund ohne Umschweif angeben soll, so ist es dieser: Sie gefallen mir nicht. Ich weiß wohl, dass es bei dem
5 Menschen, wie bei dem Spiegel, eigentlich auf die eigne Be-
schaffenheit beider ankommt, wie die äußern Gegenstände
darauf einwirken sollen; und mancher würde aufhören über
die Verderbtheit[1] der Sitten zu schelten, wenn ihm der
Gedanke einfiele, ob nicht vielleicht bloß der Spiegel, in
10 welchen das Bild der Welt fällt, schief und schmutzig ist.
Indessen wenn ich mich in Gesellschaften nicht wohl befinde,
so geschieht dies weniger, weil andere, als vielmehr weil ich
mich selbst nicht zeige, wie ich es wünsche. Die Notwendigkeit, eine Rolle zu spielen, und ein innerer Widerwillen
15 dagegen machen mir jede Gesellschaft lästig, und froh kann
ich nur in meiner eignen Gesellschaft sein, weil ich da ganz
wahr sein darf. Das darf man unter Menschen nicht sein, und
keiner ist es – Ach, es gibt eine traurige Klarheit, mit welcher
die Natur viele Menschen, die an dem Dinge nur die Ober-
20 fläche sehen, zu ihrem Glücke verschont hat. Sie nennt mir
zu jeder Miene den Gedanken, zu jedem Worte den Sinn,
zu jeder Handlung den Grund – sie zeigt mir alles, was mich
umgibt, und mich selbst in seiner ganzen armseligen Blöße,
und dem Herzen ekelt zuletzt vor dieser Nacktheit – – Dazu
25 kommt bei mir eine unerklärliche Verlegenheit, die unüber-
windlich ist, weil sie wahrscheinlich eine ganz physische Ursache[2] hat. Mit der größten Mühe nur kann ich sie so ver-
stecken, dass sie nicht auffällt – o wie schmerzhaft ist es, in
dem Äußern ganz stark und frei zu sein, indessen man im
30 Innern ganz schwach ist, wie ein Kind, ganz gelähmt, als
wären uns alle Glieder gebunden, wenn man sich nie zeigen
kann, wie man wohl möchte, nie frei handeln kann, und
selbst das Große versäumen muss, weil man vorausempfin-
det, dass man nicht standhalten wird, indem man von jedem
35 äußern Eindrucke abhangt und das albernste Mädchen oder
der elendeste Schuft von Elegant uns durch die matteste

---

[1]   Substantiv zu „verderbt“; moralische Verkommenheit
[2]   Heinrich von Kleist hatte einen Sprachfehler.

Persiflage[1] vernichten kann. – Das alles verstehst Du vielleicht nicht, liebe Ulrike, es ist wieder kein Gegenstand für die Mitteilung, und der andere müsste das alles aus sich selbst kennen, um es zu verstehen.

Selbst die Säule, an welcher ich mich sonst in dem Strudel des Lebens hielt, wankt – – Ich meine, die Liebe zu den Wissenschaften. – Aber wie werde ich mich hier wieder verständlich machen? – Liebe Ulrike, es ist ein bekannter Gemeinplatz, dass das Leben ein schweres Spiel sei; und warum ist es schwer? Weil man beständig und immer von Neuem eine Karte ziehen soll und doch nicht weiß, was Trumpf ist; ich meine darum, weil man beständig und immer von Neuem handeln soll und doch nicht weiß, was recht ist. *Wissen* kann unmöglich das Höchste sein – handeln ist besser als wissen. Aber ein Talent bildet sich im Stillen, doch ein Charakter nur in dem Strome der Welt. Zwei ganz verschiedne Ziele sind es, zu denen zwei ganz verschiedne Wege führen. Kann man sie beide nicht vereinigen, welches soll man wählen? Das Höchste, oder das, wozu uns unsre Natur treibt? – Aber auch selbst dann, wenn bloß Wahrheit mein Ziel wäre, – – ach, es ist so traurig, weiter nichts, als gelehrt zu sein. Alle Männer, die mich kennen, raten mir, mir irgendeinen Gegenstand aus dem Reiche des Wissens auszuwählen und diesen zu bearbeiten – Ja freilich, das ist der Weg zum Ruhme, aber ist dieser mein Ziel? Mir ist es unmöglich, mich wie ein Maulwurf in ein Loch zu graben und alles andere zu vergessen. Mir ist keine Wissenschaft lieber als die andere, und wenn ich eine vorziehe, so ist es nur wie einem Vater immer derjenige von seinen Söhnen der liebste ist, den er eben bei sich sieht. – Aber soll ich immer von einer Wissenschaft zur andern gehen, und immer nur auf ihrer Oberfläche schwimmen und bei keiner in die Tiefe gehen? Das ist die Säule, welche schwankt.

Ich habe freilich einen Vorrat von Gedanken zur Antwort auf alle diese Zweifel. Indessen reif ist noch keiner. – – Goethe sagt, wo eine Entscheidung soll geschehen, da muss vieles zusammentreffen. – Aber ist es nicht eine Unart, nie den

---

[1] geistvoll-ironische, literarische Verspottung (besonders durch Nachahmung)

Augenblick der Gegenwart ergreifen zu können, sondern
immer in der Zukunft zu leben? – Und doch, wer wendet
sein Herz nicht gern der Zukunft zu, wie die Blumen ihre
Kelche der Sonne? – Lerne Du nur fleißig aus dem Gaspari[1],
5 und vergiss nicht die Laute[2]. Wer weiß, ob wir es nicht früh
oder spät brauchen. Gute Nacht, es ist spät. Grüße Deine
liebe Wirtin und alle Bekannte. H. K.
N. S. Soeben erfahre ich, dass Minette und Gustel mit der
Moltken und Emilien nach Berlin kommen. Heute werden
10 sie ankommen und bei der Schlichting wohnen.

Heinrich von Kleist: Brief an Wilhelmine von Zenge[3]

Berlin, den 22. März 1801
[...] Ich komme jetzt zu dem
Gedanken aus Deinem
Briefe, der mir in meiner
Stimmung der teuerste sein
15 musste, und der meiner verwundeten Seele fast so wohl
tat, wie Balsam[4] einer kör-
perlichen Wunde.
Du schreibst: „Wie sieht es
20 aus in Deinem Innern? Du

Wilhelmine von Zenge

würdest mir viele Freude machen, wenn Du mir etwas mehr
davon mitteiltest, als bisher; glaube mir, ich kann leicht fassen,
was Du mir sagst, und ich möchte gern Deine Hauptgedanken mit Dir teilen."
25 Liebe Wilhelmine, ich erkenne an diesen fünf Zeilen mehr als
an irgendetwas, dass Du wahrhaft meine Freundin bist. Nur
unsre äußern Schicksale interessieren die Menschen, die innern nur den Freund. Unsere äußere Lage kann ganz ruhig

---

1 Gaetano Gaspari (1807–1881) war ein italienischer Musikforscher,
-lehrer und Kapellmeister.
2 Saiteninstrument mit Korpus und angesetztem Kurzhals
3 Wilhelmine von Zenge, Verlobte von Heinrich
4 natürliches Gemisch aus Harzen und Ölen; poetische Bezeichnung
für Linderung, Wohltat

sein, indessen unser Innerstes ganz bewegt ist – Ach, ich kann Dir nicht beschreiben, wie wohl es mir tut, einmal jemandem, der mich versteht, mein Innerstes zu öffnen. Eine ängstliche Bangigkeit ergreift mich immer, wenn ich unter Menschen bin, die alle von dem Grundsatze ausgehen, dass man ein Narr 5 sei, wenn man ohne Vermögen jedes Amt ausschlägt. Du wirst nicht so hart über mich urteilen, – nicht wahr?

Ja, allerdings dreht sich mein Wesen jetzt um einen Hauptgedanken, der mein Innerstes ergriffen hat, er hat eine tiefe erschütternde Wirkung auf mich hervorgebracht – Ich weiß 10 nur nicht, wie ich das, was seit 3 Wochen durch meine Seele flog, auf diesem Blatte zusammenpressen soll. Aber Du sagst ja, Du kannst mich fassen – also darf ich mich schon etwas kürzer fassen. Ich werde Dir den Ursprung und den ganzen Umfang dieses Gedankens, nebst allen seinen Folge- 15 rungen einst, wenn Du es wünschest, weitläufiger mitteilen. Also jetzt nur so viel.

Ich hatte schon als Knabe (mich dünkt am Rhein durch eine Schrift von Wieland[1]) mir den Gedanken angeeignet, dass die Vervollkommnung der Zweck der Schöpfung wäre. Ich 20 glaubte, dass wir einst nach dem Tode von der Stufe der Vervollkommnung, die wir auf diesem Sterne erreichten, auf einem andern weiter fortschreiten würden, und dass wir den Schatz von Wahrheiten, den wir hier sammelten, auch dort einst brauchen könnten. Aus diesen Gedanken bildete 25 sich so nach und nach eine eigne Religion, und das Bestreben, nie auf einen Augenblick hienieden[2] still zu stehen, und immer unaufhörlich einem höhern Grade von Bildung entgegenzuschreiten, ward bald das einzige Prinzip meiner Tätigkeit. *Bildung* schien mir das einzige Ziel, das des Bestrebens, 30 *Wahrheit* der einzige Reichtum, der des Besitzes würdig ist. – Ich weiß nicht, liebe Wilhelmine, ob Du diese zwei Gedanken: W a h r h e i t und B i l d u n g, mit einer solchen Heiligkeit denken kannst, als ich – Das freilich, würde doch nötig sein, wenn Du den Verfolg dieser Geschichte meiner 35

---

[1] Christoph Martin Wieland (1733–1813) war deutscher Dichter, Übersetzer und Herausgeber und neben Lichtenberg und Kant einer der bedeutendsten Aufklärer.

[2] poetische Bezeichnung für „auf dieser Erde", „im Diesseits"

Seele verstehen willst. Mir waren sie so heilig, dass ich diesen beiden Zwecken, Wahrheit zu sammeln, und Bildung mir zu erwerben, die *kostbarsten* Opfer brachte – Du kennst sie. – Doch ich muss mich kurz fassen.

5 Vor Kurzem ward ich mit der neueren sogenannten Kantischen Philosophie[1] bekannt – und Dir muss ich jetzt daraus einen Gedanken mitteilen, indem ich nicht fürchten darf, dass er Dich so tief, so schmerzhaft erschüttern wird, als mich. Auch kennst Du das Ganze nicht hinlänglich, um sein Interesse vollständig zu begreifen. Ich will indessen so deutlich

10 sprechen, als möglich.

Wenn alle Menschen statt der Augen grüne Gläser hätten, so würden sie urteilen müssen, die Gegenstände, welche sie dadurch erblicken, *sind* grün – und nie würden sie entscheiden können, ob ihr Auge ihnen die Dinge zeigt, wie sie sind,

15 oder ob es nicht etwas zu ihnen hinzutut, was nicht ihnen, sondern dem Auge gehört. So ist es mit dem Verstande. Wir können nicht entscheiden, ob das, was wir Wahrheit nennen, wahrhaft Wahrheit ist, oder ob es uns nur so scheint.

20 Ist das Letzte, so *ist* die Wahrheit, die wir hier sammeln, nach dem Tode nicht mehr – und alles Bestreben, ein Eigentum sich zu erwerben, das uns auch in das Grab folgt, ist vergeblich –

Ach, Wilhelmine, wenn die Spitze dieses Gedankens Dein

25 Herz nicht trifft, so lächle nicht über einen andern, der sich tief in seinem heiligsten Innern davon verwundet fühlt. Mein einziges, mein höchstes Ziel ist gesunken, und ich habe nun keines mehr –

Seit diese Überzeugung, nämlich, dass hienieden keine Wahr-

30 heit zu finden ist, vor meine Seele trat, habe ich nicht wieder ein Buch angerührt. Ich bin untätig in meinem Zimmer umhergegangen, ich habe mich an das offne Fenster gesetzt, ich bin hinausgelaufen ins Freie, eine innerliche Unruhe trieb mich zuletzt in Tabagien[2] und Kaffeehäuser, ich habe Schau-

---

[1] Immanuel Kant (1724–1804) war der bedeutendste Philosoph der Aufklärung. Er forderte den mündigen Bürger, der den Mut haben sollte, sich seines Verstandes zu bedienen – im Sinne des Allgemeinwohls.

[2] Gasthäuser, in denen geraucht werden durfte

spiele und Konzerte besucht, um mich zu zerstreuen, ich habe sogar, um mich zu betäuben, eine Torheit begangen, die Dir Carl lieber erzählen mag, als ich; und dennoch war der einzige Gedanke, den meine Seele in diesem äußeren Tumulte mit glühender Angst bearbeitete, immer nur dieser: dein ₅ *einziges,* dein *höchstes* Ziel ist gesunken −

An einem Morgen wollte ich mich zur Arbeit zwingen, aber ein innerlicher Ekel überwältigte meinen Willen. Ich hatte eine unbeschreibliche Sehnsucht an Deinem Halse zu weinen, oder wenigstens einen Freund an die Brust zu drücken. ₁₀ Ich lief, so schlecht das Wetter auch war, nach Potsdam, ganz durchnässt kam ich dort an, drückte Leopold, Gleißenberg, Rühle ans Herz, und mir ward wohler − −

Rühle verstand mich am besten. Lies doch, sagte er mir, den „Kettenträger" (ein Roman). Es herrscht in diesem Buche ₁₅ eine sanfte, freundliche Philosophie, die dich gewiss aussöhnen wird, mit allem, worüber du zürnst. Es ist wahr, er selbst hatte aus diesem Buche einige Gedanken geschöpft, die ihn sichtbar ruhiger und weiser gemacht hatten. Ich fasste den Mut, diesen Roman zu lesen. ₂₀

Die Rede war von Dingen, die meine Seele längst schon selbst bearbeitet hatte. Was darin gesagt ward, war von mir schon längst im Voraus widerlegt. Ich fing schon an unruhig zu blättern, als der Verfasser nun gar von ganz fremdartigen politischen Händeln weitläufig zu räsonieren[1] anfing − Und ₂₅ das soll die Nahrung sein für meinen glühenden Durst? − Ich legte still und beklommen das Buch auf den Tisch, ich drückte mein Haupt auf das Kissen des Sofa, eine unaussprechliche Leere erfüllte mein Inneres, auch das letzte Mittel, mich zu heben, war fehlgeschlagen − Was sollst du nun tun, rief ich? ₃₀ Nach Berlin zurückkehren ohne Entschluss? Ach, es ist der schmerzlichste Zustand ganz ohne ein Ziel zu sein, nach dem unser Inneres, froh-beschäftigt, fortschreitet − und das war ich jetzt −

Du wirst mich doch nicht falsch verstehen, Wilhelmine? − Ich ₄₀ fürchte es nicht.

In dieser Angst fiel mir ein Gedanke ein.

---

[1] (vernünftig) denken, urteilen; schimpfen, laut nörgeln

Liebe Wilhelmine, lass mich reisen. Arbeiten kann ich nicht, das ist nicht möglich, ich weiß nicht zu welchem Zwecke. Ich müsste, wenn ich zu Hause bliebe, die Hände in den Schoß legen, und denken. So will ich lieber spazieren gehen, und
5 denken. Die Bewegung auf der Reise wird mir zuträglicher sein, als dieses Brüten auf einem Flecke. Ist es eine Verirrung, so lässt sie sich vergüten, und schützt mich vor einer andern, die vielleicht unwiderruflich wäre. Sobald ich einen Gedanken ersonnen[1] habe, der mich tröstet, sobald ich einen
10 Zweck gefasst habe, nach dem ich wieder streben kann, so kehre ich um, ich schwöre es Dir. Mein Bild schicke ich Dir, und Deines nehme ich mit mir. Willst Du es mir unter diesen Bedingungen erlauben? Antworte bald darauf Deinem treuen Freunde *Heinrich.*
15 N. S. Heute schreibe ich Ulriken, dass ich wahrscheinlich, wenn Du es mir erlaubst, nach Frankreich reisen würde. Ich habe ihr versprochen, nicht das Vaterland zu verlassen, ohne es ihr vorher zu sagen. Will sie mitreisen, so muss ich es mir gefallen lassen. Ich zweifle aber, dass sie die Bedingungen
20 annehmen wird. Denn ich kehre um, *sobald ich weiß, was ich tun soll.* Sei ruhig. Es muss etwas Gutes aus diesem innern Kampfe hervorgehn.

Brief an Wilhelmine von Zenge
Paris, den 10. Oktober 1801
Liebe Wilhelmine. Also mein letzter Brief hat Dir so viel Freude gemacht? O möchte Dir auch dieser, unter so vielen
25 trüben Tagen, ein paar frohe Stunden schenken! Andere beglücken, es ist das reinste Glück auf dieser Erde. – Nur schwer ist es, wenn wir selbst nicht glücklich sind, und andere doch grade in unserm Glücke das ihrige setzen. – Indessen fühle ich mich doch wirklich von Tage zu Tage immer
30 heiterer und heiterer, und hoffe, dass endlich die Natur auch mir einmal das Maß von Glück zumessen wird, das sie allen ihren Wesen schuldig ist. Auf welchem Wege ich es suchen soll, darüber bin ich freilich noch nicht recht einig, obgleich sich mein Herz fast überwiegend immer zu *einem* neigt –
35 Aber ob auch Dein Herz sich dazu neigen wird? – ? Ach,

---

[1]   Präteritum zu „ersinnen"; ausdenken, erfinden

Wilhelmine, da bin ich fast schüchtern in der Mitteilung. Aber wenn ich denke, dass Du meine *Freundin* bist, so schwindet alle Zurückhaltung, und darum will ich Dir mancherlei Gedanken, die meine Seele jetzt für die Zukunft bearbeitet, mitteilen. 5

Ein großes Bedürfnis ist in mir rege geworden, ohne dessen Befriedigung ich niemals glücklich sein werde; es ist dieses, *etwas Gutes zu tun*. Ja, ich glaube fast, dass dieses Bedürfnis bis jetzt immer meiner Trauer dunkel zum Grunde lag, und dass ich mich jetzt seiner bloß deutlich bewusst ge- 10 worden bin. Es liegt eine Schuld auf dem Menschen, die, wie eine Ehrenschuld, jeden, der Ehrgefühl hat, unaufhörlich mahnt. Vielleicht kannst Du Dir, wie dringend dieses Bedürfnis ist, nicht lebhaft vorstellen. Aber das kommt, weil Dein Geschlecht ein leidendes ist – Besonders seitdem 15 mich die Wissenschaften gar nicht mehr befriedigen, ist dieses Bedürfnis in mir rege geworden. Kurz, es steht fest beschlossen in meiner Seele: Ich will diese Schuld abtragen.

Wenn ich mich nun aber umsehe in der Welt, und frage: 20 *Wo* gibt es denn wohl etwas Gutes zu tun? – Ach, Wilhelmine, darauf weiß ich nur eine einzige Antwort. Es scheint allerdings für ein tatenlechzendes Herz zunächst ratsam, sich einen großen Wirkungskreis zu suchen; aber – liebes Mädchen, Du musst, was ich Dir auch sagen werde, mich 25 nicht mehr nach dem Maßstabe der Welt beurteilen. Eine Reihe von Jahren, in welchen ich über die Welt im Großen frei denken konnte, hat mich dem, was die Menschen Welt nennen, sehr unähnlich gemacht. Manches, was die Menschen ehrwürdig nennen, ist es mir nicht, vieles, was ihnen 30 verächtlich scheint, ist es mir nicht. Ich trage eine innere Vorschrift in meiner Brust, gegen welche alle äußern, und wenn sie ein König unterschrieben hätte, nichtswürdig sind. Daher fühle ich mich ganz unfähig, mich in irgendein konventionelles Verhältnis der Welt zu passen. Ich finde viele 35 ihrer Einrichtungen so wenig meinem Sinn gemäß, dass es mir unmöglich wäre, zu ihrer Erhaltung oder Ausbildung mitzuwirken. Dabei wüsste ich doch oft nichts Besseres an ihre Stelle zu setzen – Ach, es ist so schwer, zu bestimmen, was gut ist, der Wirkung nach. Selbst manche von jenen 40

Taten, welche die Geschichte bewundert, waren sie wohl *gut* in diesem reinen Sinne? Ist nicht oft ein Mann, der *einem* Volke nützlich ist, verderblich für zehn andere? – Ach, ich kann Dir das alles gar nicht aufschreiben, denn das ist ein
5 endloses Thema. – Ich wäre auch in einer solchen Lage nicht glücklich, gar nicht glücklich. Doch das sollte mich noch nicht abhalten, hineinzutreten, wüsste ich nur etwas wahrhaft Gutes, etwas, das mit meinen innern Forderungen übereinstimmt, zu leisten. – Dazu kommt, dass mir auch,
10 vielleicht durch meine eigne Schuld, die Möglichkeit, eine neue Laufbahn in meinem Vaterlande zu betreten, benommen. Wenigstens würde ich ohne Erniedrigung kaum, nachdem ich zweimal Ehrenstellen ausgeschlagen habe, wieder selbst darum anhalten können. Und doch würde ich auch
15 dieses saure Mittel nicht scheuen, wenn es mich nur auch, zum Lohne, an meinen Zweck führte. – Die Wissenschaften habe ich ganz aufgegeben. Ich kann Dir nicht beschreiben, wie ekelhaft mir ein wissender Mensch ist, wenn ich ihn mit einem handelnden vergleiche. Kenntnisse, wenn sie noch
20 einen Wert haben, so ist es nur, insofern sie vorbereiten zum Handeln. Aber unsere Gelehrten, kommen sie wohl, vor allem Vorbereiten, jemals zum Zweck? Sie schleifen unaufhörlich die Klinge, ohne sie jemals zu brauchen, sie lernen und lernen, und haben niemals Zeit, die Hauptsache
25 zu tun. – Unter diesen Umständen in mein Vaterland zurückzukehren, kann unmöglich ratsam sein. Ja, wenn ich mich über alle Urteile hinwegsetzen könnte, wenn mir ein *grünes Häuschen* beschert wäre, das mich und Dich empfinge – Du wirst mich, wegen dieser Abhängigkeit von dem
30 Urteile anderer, schwach nennen, und ich muss Dir darin recht geben, so unerträglich mir das Gefühl auch ist. Ich selbst habe freilich durch einige seltsame Schritte die Erwartung der Menschen gereizt; und was soll ich nun antworten, wenn sie die Erfüllung von mir fordern? Und wa-
35 rum *soll* ich denn grade *ihre* Erwartung erfüllen? O es ist mir zur Last – Es mag wahr sein, dass ich so eine Art von verunglücktem Genie bin, wenn auch nicht in ihrem Sinne verunglückt, doch in dem meinen. Kenntnisse, was sind sie? Und wenn Tausende mich darin überträfen, übertreffen sie
40 mein Herz? Aber davon halten sie nicht viel – Ohne ein

Amt in meinem Vaterlande zu leben, könnte ich jetzt auch wegen meiner Vermögensumstände fast nicht mehr. Ach, Wilhelmine, wie viele traurige Vorstellungen ängstigen mich unaufhörlich, und Du willst, ich soll Dir vergnügt schreiben? Und doch – habe noch ein wenig Geduld. Viel- 5
leicht, wenn der Anfang dieses Briefes nicht erfreulich ist, so ist es sein Ende.

Nahrungssorgen, für mich allein, sind es doch nicht eigent-lich, die mich sehr ängstigen, denn wenn ich mich an das Bücherschreiben machen wollte, so könnte ich mehr, als ich 10
bedarf, verdienen. Aber *Bücherschreiben* für Geld – o nichts davon. Ich habe mir, da ich unter den Menschen in dieser Stadt so wenig für mein Bedürfnis finde, in einsamer Stunde (denn ich gehe wenig aus) ein Ideal ausgearbeitet; aber ich begreife nicht, wie ein Dichter das Kind seiner Liebe einem 15
so rohen Haufen, wie die Menschen sind, übergeben kann. Bastarde nennen sie es. Dich wollte ich wohl in das Gewöl-be führen, wo ich mein Kind, wie eine vestalische Priesterin[1]
das ihrige, heimlich aufbewahre bei dem Schein der Lampe. – Also aus diesem Erwerbszweige wird nichts. Ich verachte 20
ihn aus vielen Gründen, das ist genug. Denn nie in meinem Leben, und wenn das Schicksal noch so sehr drängte, werde ich etwas tun, das meinen innern Forderungen, sei es auch noch so leise, widerspräche. –

Nun, liebe Wilhelmine, komme ich auf das Erfreuliche. Fasse 25
Mut, sieh mein Bild an, und küsse es. – Da schwebt mir unaufhörlich ein Gedanke vor die Seele – aber wie werde ich ihn aussprechen, damit er Dir heiliger Ernst, und nicht kindisch-träumerisch erscheine? Ein Ausweg bleibt mir üb-rig, zu dem mich zugleich Neigung und Notwendigkeit füh- 30
ren. – Weißt Du, was die alten Männer tun, wenn sie 50 Jahre lang um Reichtümer und Ehrenstellen gebuhlt haben? Sie lassen sich auf einen Herd nieder, und bebauen ein Feld. Dann, und dann erst, nennen sie sich weise. – Sage mir, könnte man nicht klüger sein, als sie, und früher dahin gehen, 35
wohin man am Ende doch soll? – Unter den persischen Magiern gab es ein religiöses Gesetz: Ein Mensch könne nichts der Gottheit Wohlgefälligeres tun, als dieses, ein Feld

---

[1] Vestalin = altrömische Göttin des Herdfeuers

zu bebauen, einen Baum zu pflanzen, und ein Kind zu zeugen. – Das nenne ich Weisheit, und keine Wahrheit hat noch so tief in meine Seele gegriffen, als diese. Das *soll* ich tun, das weiß ich *bestimmt* – Ach, Wilhelmine, welch ein
5 unsägliches Glück mag in dem Bewusstsein liegen, seine Bestimmung *ganz* nach dem Willen der Natur zu erfüllen! Ruhe vor den Leidenschaften!! Ach, der unselige Ehrgeiz, er ist ein Gift für alle Freuden. – Darum will ich mich losreißen, von allen Verhältnissen, die mich unaufhörlich zwin-
10 gen zu streben, zu beneiden, zu wetteifern. Denn nur *in* der Welt ist es schmerzhaft, wenig zu sein, außer ihr nicht. – Was meinst Du, Wilhelmine, ich habe noch etwas von meinem Vermögen, wenig zwar, doch wird es hinreichen, mir etwa in der Schweiz einen Bauernhof zu kaufen, der
15 mich ernähren kann, wenn ich selbst arbeite. Ich habe Dir das so trocken hingeschrieben, weil ich Dich durch Deine Fantasie nicht bestechen wollte. Denn sonst gibt es wohl keine Lage, die für ein reines Herz so unüberschwänglich reich an Genüssen wäre, als diese. – Die Romane haben
20 unsern Sinn verdorben. Denn durch sie hat das Heilige aufgehört, heilig zu sein, und das reinste, menschlichste, einfältigste Glück ist zu einer bloßen Träumerei herabgewürdigt worden. – Doch wie gesagt, ich will Deine Fantasie nicht bestechen. Ich will die schöne Seite dieses Standes gar
25 nicht berühren, und dies einem künftigen Briefe aufbewahren, wenn Du Geschmack an diesem Gedanken finden kannst. Für jetzt prüfe bloß mit Deiner Vernunft. Ich will im eigentlichsten Verstande *ein Bauer* werden, mit einem etwas wohlklingenderen Worte, ein Landmann. – Was meine Fa-
30 milie und die Welt dagegen einwenden möchte, wird mich nicht irreführen. Ein jeder hat seine eigne Art, glücklich zu sein, und niemand darf verlangen, dass man es in der seinigen sein soll. Was ich tue, ist nichts Böses, und die Menschen mögen über mich spötteln so viel sie wollen, heimlich in
35 ihrem Herzen werden sie mich ehren müssen. – Doch wenn auch das nicht wäre, ich selbst ehre mich. Meine Vernunft will es so, und das ist genug.
Aber nun, Wilhelmine, wenn ich diese Forderung meiner Vernunft erfülle, wenn ich mir ein Landgut kaufe, bleibt mir
40 dann kein Wunsch übrig? Fehlt mir dann nichts mehr? Fehlt

mir nicht noch ein Weib[1]? Und gibt es ein anderes für mich,
als Du? Ach, Wilhelmine, wenn es möglich wäre, wenn Deine
Begriffe von Glück hier mit den meinigen zusammenfielen!
Denke an die heiligen Augenblicke, die wir durchleben
könnten! Doch nichts davon, für jetzt – Denke jetzt vielmehr ₅
nur an das, was Dir in dieser Lage vielleicht weniger reizend
scheinen möchte. Denke an das Geschäft, das Dir anheim-
fiele – aber dann denke auch an die Liebe, die es belohnen
wird. –
Wilhelmine! – Ach, viele Hindernisse schrecken mich fast ₁₀
zurück. Aber wenn es möglich wäre, sie zu übersteigen! –
Wilhelmine! Ich fühle, dass es unbescheiden ist, ein *solches*
Opfer von Dir zu verlangen. Aber wenn Du es mir bringen
könntest! Deine Erziehung, Deine Seele, Dein ganzes bishe-
riges Leben ist von der Art, dass es einen solchen Schritt ₁₅
nicht *unmöglich* macht. – Indessen, vielleicht ist es doch anders. Ängstige Dich darum nicht. Ich habe kein Recht auf
solche Aufopferungen, und wenn Du *dies* mir verweigerst, so
werde ich *darum* an Deiner Liebe nicht zweifeln. – Indessen,
liebes Mädchen, weiß ich nur fast keinen andern Ausweg. Ich ₂₀
habe mit Ulriken häufig meine Lage und die Zukunft überlegt,
und das Mädchen tut alles Mögliche, mich, wie sie meint, auf
den rechten Weg zurückzuführen. Aber das ist eben das Übel,
dass jeder seinen Weg für den rechten hält. – Wenn Du
einstimmen könntest in meinen innigsten Wunsch, dann, Wil- ₂₅
helmine, dann will ich Dir zeigen, welch ein Glück uns be-
vorsteht, an das kein anderes reicht. Dann erwarte einen
froheren Brief von mir – Wenn ein solcher Schritt *wirklich*
Dein Glück begründen könnte, so wird auch Dein Vater
nichts dagegen einwenden. – ₃₀
Antworte mir bald. Mein Plan ist, den Winter noch in dieser
traurigen Stadt zuzubringen, dann auf das Frühjahr nach der
Schweiz zu reisen, und mir ein Örtchen auszusuchen, wo
es Dir und mir und unsern Kindern einst wohlgefallen
könnte. – Ich muss diesen Brief auf die Post tragen, denn ₃₅
mit Sehnsucht sehe ich Deiner Antwort entgegen.
H. K.

---

[1] zeitgenössische, wertneutrale Bezeichnung für „Ehefrau"

Brief an Marie von Kleist
Berlin, den 19. November 1811

Meine liebste Marie, mitten in dem Triumphgesang, den
meine Seele in diesem Augenblick des Todes anstimmt, muss
ich noch einmal Deiner gedenken und mich Dir, so gut wie
ich kann, offenbaren: Dir, der Einzigen, an deren Gefühl und
5 Meinung mir etwas gelegen ist; alles andere auf Erden, das
Ganze und Einzelne, habe ich völlig in meinem Herzen über-
wunden. Ja, es ist wahr, ich habe Dich hintergangen, oder
vielmehr ich habe mich selbst hintergangen; wie ich Dir aber
tausendmal gesagt habe, dass ich dies nicht überleben wür-
10 de, so gebe ich Dir jetzt, indem ich von Dir Abschied nehme,
davon den Beweis. Ich habe Dich während Deiner Anwe-
senheit in Berlin gegen eine andere Freundin vertauscht;
aber wenn Dich das trösten kann, nicht gegen eine, die mit
mir leben, sondern, die im Gefühl, dass ich ihr ebenso wenig
15 treu sein würde, wie Dir, mit mir sterben will. Mehr Dir zu
sagen, lässt mein Verhältnis zu dieser Frau nicht zu. Nur so
viel wisse, dass meine Seele, durch die Berührung mit der
ihrigen, zum Tode ganz reif geworden ist; dass ich die ganze
Herrlichkeit des menschlichen Gemüts an dem ihrigen er-
20 messen habe, und dass ich sterbe, weil mir auf Erden nichts
mehr zu lernen und zu erwerben übrig bleibt. Lebe wohl!
Du bist die Allereinzige auf Erden, die ich jenseits wiederzusehen wünsche. Etwa Ulriken?[1] – Ja, nein, nein, ja: es soll
von ihrem eignen Gefühl abhangen. Sie hat, dünkt mich, die
25 Kunst nicht verstanden, sich aufzuopfern, ganz für das, was
man liebt, in Grund und Boden zu gehn: das Seligste, was
sich auf Erden erdenken lässt, ja worin der Himmel bestehen
muss, wenn es wahr ist, dass man darin vergnügt und glücklich ist. Adieu! – Rechne hinzu, dass ich eine Freundin gefun-
30 den habe, deren Seele wie ein junger Adler fliegt, wie ich
noch in meinem Leben nichts Ähnliches gefunden habe; die
meine Traurigkeit als eine höhere, fest gewurzelte und
unheilbare begreift, und deshalb, obschon sie Mittel genug
in Händen hätte mich hier zu beglücken, mit mir sterben
35 will; die mir die unerhörte Lust gewährt, sich, um dieses

---

[1] Zwischenzeitlich war der Kontakt der Halbgeschwister abgebrochen.

Zweckes willen, so leicht aus einer ganz wunschlosen Lage,
wie ein Veilchen aus einer Wiese, herausheben zu lassen;
die einen Vater, der sie anbetet, einen Mann, der großmütig
genug war sie mir abtreten zu wollen, ein Kind, so schön
und schöner als die Morgensonne, um meinet-willen ver- 5
lässt: und Du wirst begreifen, dass meine ganze jauchzende
Sorge nur sein kann, einen Abgrund tief genug zu finden, um
mit ihr hinabzustürzen. – Adieu noch ein-mal! –

Brief an Marie von Kleist
Berlin, den 21. November 1811

Meine liebste Marie, wenn Du wüsstest, wie der Tod und
die Liebe sich abwechseln, um diese letzten Augenblicke 10
meines Lebens mit Blumen, himmlischen und irdischen, zu
bekränzen, gewiss Du würdest mich gern sterben lassen.
Ach, ich versichre Dich, ich bin ganz selig. Morgens und
abends knie ich nieder, was ich nie gekonnt habe, und bete
zu Gott; ich kann ihm mein Leben, das allerqualvollste, das 15
je ein Mensch geführt hat, jetzo danken, weil er es mir durch
den herrlichsten und wollüstigsten aller Tode vergütigt.
Ach, könnt ich nur etwas für Dich tun, das den herben
Schmerz, den ich Dir verursachen werde, mildern könnte!
Auf einen Augenblick war es mein Wille, mich malen zu 20
lassen; aber alsdann glaubte ich wieder zu viel Unrecht
gegen Dich zu haben, als dass mir erlaubt sein könnte vo-
rauszusetzen, mein Bild würde Dir viel Freude machen.
Kann es Dich trösten, wenn ich Dir sage, dass ich diese
Freundin niemals gegen Dich vertauscht haben würde, wenn 25
sie weiter nichts gewollt hätte, als mit mir leben? Gewiss,
meine liebste Marie, so ist es; es hat Augenblicke gegeben,
wo ich meiner lieben Freundin, offenherzig, diese Worte
gesagt habe. Ach, ich versichre Dich, ich habe Dich so lieb,
Du bist mir so überaus teuer und wert, dass ich kaum sagen 30
kann, ich liebe diese liebe vergötterte Freundin mehr als
Dich. Der Entschluss, der in ihrer Seele aufging, mit mir zu
sterben, zog mich, ich kann Dir nicht sagen, mit welcher
unaussprechlichen und unwiderstehlichen Gewalt, an ihre
Brust; erinnerst Du Dich wohl, dass ich Dich mehrmals 35
gefragt habe, ob Du mit mir sterben willst? – Aber Du
sagtest immer Nein – Ein Strudel von nie empfundner

Seligkeit hat mich ergriffen, und ich kann Dir nicht leugnen,
dass mir ihr Grab lieber ist als die Betten aller Kaiserinnen
der Welt. – Ach, meine teure Freundin, möchte Dich Gott
bald abrufen in jene bessere Welt, wo wir uns alle, mit der
5 Liebe der Engel, einander werden ans Herz drücken können.
– Adieu.

Suche nach Identität: Über das Marionetten-
theater

*Seine Briefe belegen, dass sich Kleist bis zu seinem Lebens-
ende unverstanden fühlte. Zudem konnte er nie wirklich zu
sich selbst finden, weshalb ihm sein Leben als „das allerqualvollste, das je ein Mensch geführt hat" (vgl. Brief vom 21. November 1811), erschien. Erst ein Jahr vor seinem Freitod kam der
Dichter dem Rätsel seines Seins und somit der Wahrheit weitgehend auf die Spur. Vor diesem Hintergrund sind Kleists Ausfüh-
rungen „Über das Marionettentheater" (1810) symbolisch zu
verstehen.*

Über das Marionettentheater
Als ich den Winter 1801 in M... zubrachte, traf ich daselbst
eines Abends, in einem öffentlichen Garten, den Herrn C. an,
der seit Kurzem, in dieser Stadt, als erster Tänzer der Oper,
angestellt war, und bei dem Publiko außerordentliches Glück
10 machte.
Ich sagte ihm, dass ich erstaunt gewesen wäre, ihn schon
mehrere Male in einem Marionettentheater zu finden, das
auf dem Markte zusammengezimmert worden war, und den
Pöbel, durch kleine dramatische Burlesken, mit Gesang und
15 Tanz durchwebt, belustigte.
Er versicherte mir, dass ihm die Pantomimik dieser Puppen
viel Vergnügen machte, und ließ nicht undeutlich merken,
dass ein Tänzer, der sich ausbilden wolle, mancherlei von
ihnen lernen könne.
20 Da die Äußerung mir, durch die Art, wie er sie vorbrachte,
mehr, als ein bloßer Einfall schien, so ließ ich mich bei ihm
nieder, um ihn über die Gründe, auf die er eine so sonderbare
Behauptung stützen könne, näher zu vernehmen.

Er fragte mich, ob ich nicht, in der Tat, einige Bewegungen der Puppen, besonders der kleineren, im Tanz sehr graziös gefunden hatte.

Diesen Umstand konnt ich nicht leugnen. Eine Gruppe von vier Bauern, die nach einem raschen Takt die Ronde[1] tanz- 5 te, hätte von Teniers[2] nicht hübscher gemalt werden kön- nen.

Ich erkundigte mich nach dem Mechanismus dieser Figuren, und wie es möglich wäre, die einzelnen Glieder derselben und ihre Punkte, ohne Myriaden[3] von Fäden an den Fingern 10 zu haben, so zu regieren, als es der Rhythmus der Bewe- gungen, oder der Tanz, erfordere?

Er antwortete, dass ich mir nicht vorstellen müsse, als ob jedes Glied einzeln, während der verschiedenen Momente des Tanzes, von dem Maschinisten gestellt und gezogen wür- 15 de.

Jede Bewegung, sagte er, hätte einen Schwerpunkt; es wäre genug, diesen, in dem Innern der Figur, zu regieren; die Glieder, welche nichts als Pendel wären, folgten, ohne irgend- ein Zutun, auf eine mechanische Weise von selbst. 20

Er setzte hinzu, dass diese Bewegung sehr einfach wäre; dass jedes Mal, wenn der Schwerpunkt in einer *graden Linie* be- wegt wird, die Glieder schon *Kurven* beschrieben; und dass oft, auf eine bloß zufällige Weise erschüttert, das Ganze schon in eine Art von rhythmische Bewegung käme, die dem 25 Tanz ähnlich wäre.

Diese Bemerkung schien mir zuerst einiges Licht über das Vergnügen zu werfen, das er in dem Theater der Marionetten zu finden vorgegeben hatte. Inzwischen ahndete ich bei Wei- tem die Folgerungen noch nicht, die er späterhin daraus 30 ziehen würde.

Ich fragte ihn, ob er glaubte, dass der Maschinist, der diese Puppen regierte, selbst ein Tänzer sein, oder wenigstens ei- nen Begriff vom Schönen im Tanz haben müsse?

---

[1] französische Bezeichnung für „Rondo"; Rundtanz
[2] David Teniers der Jüngere (1610–1690), flämischer Maler
[3] Myriade = 10.000; im Plural rhetorisches Mittel zur Bezeichnung einer sehr großen Menge

Er erwiderte, dass wenn ein Geschäft, von seiner mechanischen Seite, leicht sei, daraus noch nicht folge, dass es ganz ohne Empfindung betrieben werden könne.

Die Linie, die der Schwerpunkt zu beschreiben hat, wäre
5 zwar sehr einfach, und, wie er glaube, in den meisten Fällen, gerad. In Fällen, wo sie krumm sei, scheine das Gesetz ihrer Krümmung wenigstens von der ersten oder höchstens zweiten Ordnung; und auch in diesem letzten Fall nur elliptisch, welche Form der Bewegung den Spitzen des menschlichen
10 Körpers (wegen der Gelenke) überhaupt die natürliche sei, und also dem Maschinisten keine große Kunst koste, zu verzeichnen!

Dagegen wäre diese Linie wieder, von einer andern Seite, etwas sehr Geheimnisvolles. Denn sie wäre nichts anders,
15 als der *Weg der Seele des Tänzers;* und er zweifle, dass sie anders gefunden werden könnte, als dadurch, dass sich der Maschinist in den Schwerpunkt der Marionette versetzt, d.h. mit andern Worten, *tanzt.*

Ich erwiderte, dass man mir das Geschäft desselben als et
20 was ziemlich Geistloses vorgestellt hätte: etwa was das Drehen einer Kurbel sei, die eine Leier spielt.

Keineswegs, antwortete er. Vielmehr verhalten sich die Bewegungen seiner Finger zur Bewegung der daran befestigten Puppen ziemlich künstlich, etwa wie Zahlen zu ihren Loga
25 rithmen oder die Asymptote zur Hyperbel.

Inzwischen glaube er, dass auch dieser letzte Bruch von Geist, von dem er gesprochen, aus den Marionetten entfernt werden, dass ihr Tanz gänzlich ins Reich mechanischer Kräfte hinüberspielt, und vermittelst einer Kurbel, so wie ich es
30 mir gedacht, hervorgebracht werden könne.

Ich äußerte meine Verwunderung zu sehen, welcher Aufmerksamkeit er diese, für den Haufen[1] erfundene, Spielart einer schönen Kunst würdige. Nicht bloß, dass er sie einer höheren Entwickelung für fähig halte: er scheine sich sogar
35 selbst damit zu beschäftigen.

Er lächelte, und sagte, er getraue sich zu behaupten, dass wenn ihm ein Mechanikus, nach den Forderungen, die er an ihn zu machen dächte, eine Marionette bauen wollte, er

---

[1] hier: für die Ungebildeten

vermittelst derselben einen Tanz darstellen würde, den weder er noch irgendein anderer geschickter Tänzer seiner Zeit, Vestris[1] selbst nicht ausgenommen, zu erreichen imstande wäre.

Haben Sie, fragte er, da ich den Blick schweigend zur Erde 5 schlug: haben Sie von jenen mechanischen Beinen gehört, welche englische Künstler für Unglückliche verfertigen, die ihre Schenkel verloren haben?

Ich sagte, nein: dergleichen wäre mir nie vor Augen gekommen. 10

Es tut mir leid, erwiderte er; denn wenn ich Ihnen sage, dass diese Unglücklichen damit tanzen, so fürchte ich fast, Sie werden es mir nicht glauben. – Was sag ich, tanzen? Der Kreis ihrer Bewegungen ist zwar beschränkt; doch diejenigen, die ihnen zu Gebote stehen, vollziehen sich mit einer Ruhe, 15 Leichtigkeit und Anmut, die jedes denkende Gemüt in Erstaunen setzen.

Ich äußerte, scherzend, dass er ja, auf diese Weise, seinen Mann gefunden habe. Denn derjenige Künstler, der einen so merkwürdigen Schenkel zu bauen imstande sei, würde ihm 20 unzweifelhaft auch eine ganze Marionette, seinen Forderungen gemäß, zusammensetzen können.

Wie, fragte ich, da er seinerseits ein wenig betreten zur Erde sah: wie sind denn diese Forderungen, die Sie an die Kunstfertigkeit desselben zu machen gedenken, bestellt? 25

Nichts, antwortete er, was sich nicht auch schon hier fände; Ebenmaß, Beweglichkeit, Leichtigkeit – nur alles in einem höheren Grade; und besonders eine naturgemäßere Anordnung der Schwerpunkte.

Und der Vorteil, den diese Puppe vor lebendigen Tänzern 30 voraus haben würde?

Der Vorteil? Zuvörderst ein negativer, mein vortrefflicher Freund, nämlich dieser, dass sie sich niemals *zierte*. – Denn Ziererei erscheint, wie Sie wissen, wenn sich die Seele (vis motrix[2]) in irgendeinem andern Punkte befindet, als in dem 35 Schwerpunkt der Bewegung. Da der Maschinist nun schlecht-

---

[1] Gaetano Vestris (1729–1808) und sein Sohn Auguste Vestris waren berühmte italienische Tänzer.
[2] (lat.) die bewegende Kraft

hin, vermittelst des Drahtes oder Fadens, keinen andern Punkt in seiner Gewalt hat, als diesen: so sind alle übrigen Glieder, was sie sein sollen, tot, reine Pendel, und folgen dem bloßen Gesetz der Schwere; eine vortreffliche Eigen-
5 schaft, die man vergebens bei dem größesten Teil unsrer Tänzer sucht.

Sehen Sie nur die P... an, fuhr er fort, wenn sie die Daphne spielt, und sich, verfolgt vom Apoll[1], nach ihm umsieht; die Seele sitzt ihr in den Wirbeln des Kreuzes; sie beugt sich, als
10 ob sie brechen wollte, wie eine Najade[2] aus der Schule Bernins[3]. Sehen Sie den jungen F... an, wenn er, als Paris[4], unter den drei Göttinnen steht, und der Venus den Apfel überreicht: die Seele sitzt ihm gar (es ist ein Schrecken, es zu sehen) im Ellenbogen.

15 Solche Missgriffe, setzte er abbrechend hinzu, sind unvermeidlich, seitdem wir von dem Baum der Erkenntnis[5] gegessen haben. Doch das Paradies ist verriegelt und der Cherub hinter uns; wir müssen die Reise um die Welt machen, und sehen, ob es vielleicht von hinten irgendwo wieder offen
20 ist.

Ich lachte. – Allerdings, dachte ich, kann der Geist nicht irren, da, wo keiner vorhanden ist. Doch ich bemerkte, dass er noch mehr auf dem Herzen hatte, und bat ihn, fortzufahren.

25 Zudem, sprach er, haben diese Puppen den Vorteil, dass sie *antigrav*[6] sind. Von der Trägheit der Materie, dieser dem Tanze entgegenstrebendsten aller Eigenschaften, wissen sie

---

[1] Die Nymphe Daphne wird von ihrem Vater zu ihrer Rettung vor dem liebestollen und sie bedrängenden Gott Apoll in einen Lorbeerbaum verwandelt.

[2] Nymphe der griechischen Mythologie, die über die Gewässer zu wachen hatte und bei Austrocknung sterben musste

[3] Gian Lorenzo Bernini (1598–1680) war einer der bedeutendsten italienischen Bildhauer und Architekten des Barock.

[4] Hermes bittet Paris zu entscheiden, welche der drei Göttinnen Hera, Athene und Aphrodite die schönste sei; die enttäuschte Hera schwört Rache, was zum Untergang Trojas beiträgt.

[5] Hier wird auf den biblischen Sündenfall (vgl. 1. Mose 2 und 3) angespielt.

[6] Wortbildung aus „anti" und „Gravitation"; hier: schwerelos

nichts: weil die Kraft, die sie in die Lüfte erhebt, größer ist, als jene, die sie an der Erde fesselt. Was würde unsre gute G... darum geben, wenn sie sechzig Pfund leichter wäre, oder ein Gewicht von dieser Größe ihr bei ihren Entrechats[1] und Pirouetten[2], zu Hülfe käme? Die Puppen brauchen den Boden nur, wie die Elfen, um ihn zu *streifen,* und den Schwung der Glieder, durch die augenblickliche Hemmung neu zu beleben; wir brauchen ihn, um darauf zu *ruhen,* und uns von der Anstrengung des Tanzes zu erholen: ein Moment, der offenbar selber kein Tanz ist, und mit dem sich weiter nichts anfangen lässt, als ihn möglichst verschwinden zu machen.

Ich sagte, dass, so geschickt er auch die Sache seiner Paradoxe führe, er mich doch nimmermehr glauben machen würde, dass in einem mechanischen Gliedermann mehr Anmut enthalten sein könne, als in dem Bau des menschlichen Körpers.

Er versetzte, dass es dem Menschen schlechthin unmöglich wäre, den Gliedermann darin auch nur zu erreichen. Nur ein Gott könne sich, auf diesem Felde, mit der Materie messen; und hier sei der Punkt, wo die beiden Enden der ringförmigen Welt ineinandergriffen.

Ich erstaunte immer mehr, und wusste nicht, was ich zu so sonderbaren Behauptungen sagen sollte.

Es scheine, versetzte er, indem er eine Prise Tabak nahm, dass ich das dritte Kapitel vom ersten Buch Mose[3] nicht mit Aufmerksamkeit gelesen; und wer diese erste Periode aller menschlichen Bildung nicht kennt, mit dem könne man nicht füglich über die folgenden, um wie viel weniger über die letzte, sprechen.

Ich sagte, dass ich gar wohl wüsste, welche Unordnungen, in der natürlichen Grazie des Menschen, das Bewusstsein anrichtet. Ein junger Mann von meiner Bekanntschaft hätte, durch eine bloße Bemerkung, gleichsam vor meinen Augen,

---

[1] französische Bezeichnung für Sprünge
[2] französische Bezeichnung für schnelle Drehungen um die eigene Achse
[3] erneute Anspielung auf den biblischen Sündenfall (vgl. Anm. 5, S. 98)

seine Unschuld verloren, und das Paradies derselben, trotz aller ersinnlichen Bemühungen, nachher niemals wiederge-funden. – Doch, welche Folgerungen, setzte ich hinzu, können Sie daraus ziehen?

5 Er fragte mich, welch einen Vorfall ich meine?

Ich badete mich, erzählte ich, vor etwa drei Jahren, mit einem jungen Mann, über dessen Bildung damals eine wun-

Der Dornauszieher. Plastik. Rom, Musei Capitolini

derbare Anmut verbreitet war. Er mochte ohngefähr in seinem sechzehnten Jahre stehn, und nur ganz von fern ließen sich, von der Gunst der Frauen herbeigerufen, die ersten Spuren von Eitelkeit erblicken. Es traf sich, dass wir grade kurz zuvor in Paris den Jüngling gesehen hatten, der sich 5 einen Splitter aus dem Fuße zieht[1]; der Abguss der Statue ist bekannt und befindet sich in den meisten deutschen Sammlungen. Ein Blick, den er in dem Augenblick, da er den Fuß auf den Schemel setzte, um ihn abzutrocknen, in einen großen Spiegel warf, erinnerte ihn daran; er lächelte und sagte 10 mir, welch eine Entdeckung er gemacht habe. In der Tat hatte ich, in eben diesem Augenblick, dieselbe gemacht; doch sei es, um die Sicherheit der Grazie, die ihm beiwohnte, zu prüfen, sei es, um seiner Eitelkeit ein wenig heilsam zu begegnen: ich lachte und erwiderte – er sähe wohl Geister! Er 15 errötete, und hob den Fuß zum zweiten Mal, um es mir zu zeigen; doch der Versuch, wie sich leicht hätte voraussehn lassen, missglückte. Er hob verwirrt den Fuß zum dritten und vierten, er hob ihn wohl noch zehnmal: umsonst! Er war außerstand, dieselbe Bewegung wieder hervorzubringen – 20 was sag ich? Die Bewegungen, die er machte, hatten ein so komisches Element, dass ich Mühe hatte, das Gelächter zurückzuhalten: –
Von diesem Tage, gleichsam von diesem Augenblick an, ging eine unbegreifliche Veränderung mit dem jungen Menschen 25 vor. Er fing an, tagelang vor dem Spiegel zu stehen; und immer ein Reiz nach dem anderen verließ ihn. Eine unsichtbare und unbegreifliche Gewalt schien sich, wie ein eisernes Netz, um das freie Spiel seiner Gebärden zu legen, und als ein Jahr verflossen war, war keine Spur mehr von der Lieb- 30 lichkeit in ihm zu entdecken, die die Augen der Menschen sonst, die ihn umringten, ergötzt hatte. Noch jetzt lebt jemand, der ein Zeuge jenes sonderbaren und unglücklichen Vorfalls war, und ihn, Wort für Wort, wie ich ihn erzählt, bestätigen könnte. – 35
Bei dieser Gelegenheit, sagte Herr C... freundlich, muss ich

---

[1] Gemeint ist hier der „Dornauszieher", ein antikes Motiv der Bildenden Kunst, insbesondere der Bildhauerei.

Ihnen eine andere Geschichte erzählen, von der Sie leicht begreifen werden, wie sie hierher gehört.

Ich befand mich, auf meiner Reise nach Russland, auf einem Landgut des Herrn v. G..., eines livländischen Edelmanns,
5 dessen Söhne sich eben damals stark im Fechten übten. Besonders der ältere, der eben von der Universität zurückgekommen war, machte den Virtuosen und bot mir, da ich eines Morgens auf seinem Zimmer war, ein Rapier[1] an. Wir fochten; doch es traf sich, dass ich ihm überlegen war; Lei-
10 denschaft kam dazu, ihn zu verwirren; fast jeder Stoß, den ich führte, traf, und sein Rapier flog zuletzt in den Winkel. Halb scherzend, halb empfindlich, sagte er, indem er das Rapier aufhob, dass er seinen Meister gefunden habe: doch alles auf der Welt finde den seinen, und fortan wolle er mich
15 zu dem meinigen führen. Die Brüder lachten laut auf, und riefen: Fort! Fort! In den Holzstall herab! Und damit nahmen sie mich bei der Hand und führten mich zu einem Bären, den Herr v. G..., ihr Vater, auf dem Hofe auferziehen ließ.
20 Der Bär stand, als ich erstaunt vor ihn trat, auf den Hinterfüßen, mit dem Rücken an einem Pfahl gelehnt, an welchem er angeschlossen war, die rechte Tatze schlagfertig erhoben, und sah mir ins Auge: das war seine Fechterpositur. Ich wusste nicht, ob ich träumte, da ich mich einem solchen
25 Gegner gegenübersah; doch: Stoßen Sie! Stoßen Sie!, sagte Herr v. G..., und versuchen Sie, ob Sie ihm eins beibringen können! Ich fiel, da ich mich ein wenig von meinem Erstaunen erholt hatte, mit dem Rapier auf ihn aus; der Bär machte eine ganz kurze Bewegung mit der Tatze und parierte den
30 Stoß. Ich versuchte, ihn durch Finten zu verführen; der Bär rührte sich nicht. Ich fiel wieder, mit einer augenblicklichen Gewandtheit, auf ihn aus, eines Menschen Brust würde ich ohnfehlbar getroffen haben: der Bär machte eine ganz kurze Bewegung mit der Tatze und parierte den Stoß. Jetzt war
35 ich fast in dem Fall des jungen Herrn v. G... Der Ernst des Bären kam hinzu, mir die Fassung zu rauben, Stöße und Finten wechselten sich, mir triefte der Schweiß: umsonst! Nicht bloß, dass der Bär, wie der erste Fechter der Welt,

---

[1]   französische Bezeichnung für „Fechtwaffe"

alle meine Stöße parierte; auf Finten (was ihm kein Fechter
der Welt nachmacht) ging er gar nicht einmal ein: Aug in
Auge, als ob er meine Seele darin lesen könnte, stand er, die
Tatze schlagfertig erhoben, und wenn meine Stöße nicht
ernsthaft gemeint waren, so rührte er sich nicht.   5
Glauben Sie diese Geschichte?
Vollkommen!, rief ich, mit freudigem Beifall; jedwedem
Fremden, so wahrscheinlich ist sie: um wie viel mehr Ihnen!
Nun, mein vortrefflicher Freund, sagte Herr C..., so sind Sie   10
im Besitz von allem, was nötig ist, um mich zu begreifen. Wir
sehen, dass in dem Maße, als, in der organischen Welt, die
Reflexion dunkler und schwächer wird, die Grazie darin
immer strahlender und herrschender hervortritt. – Doch
so, wie sich der Durchschnitt zweier Linien, auf der einen   15
Seite eines Punkts, nach dem Durchgang durch das Unendliche, plötzlich wieder auf der andern Seite einfindet, oder
das Bild des Hohlspiegels, nachdem es sich in das Unendliche
entfernt hat, plötzlich wieder dicht vor uns tritt: so findet
sich auch, wenn die Erkenntnis gleichsam durch ein Unend-   20
liches gegangen ist, die Grazie wieder ein; so, dass sie, zu
gleicher Zeit, in demjenigen menschlichen Körperbau am
reinsten erscheint, der entweder gar keins, oder ein unendliches Bewusstsein hat, d.h. in dem Gliedermann, oder in dem
Gott.   25
Mithin, sagte ich ein wenig zerstreut, müssten wir wieder von
dem Baum der Erkenntnis essen, um in den Stand der Unschuld zurückzufallen?
Allerdings, antwortete er; das ist das letzte Kapitel von der
Geschichte der Welt.   H. v. K. 30

Kleists Weltbild – Das Phänomen Kleist

*In der Monografie von Curt Hohoff wird Kleists Weltbild zusam-
mengefasst. Gleichzeitig wird nochmals die innere Zerrissenheit
des Dichters deutlich.*

Heinrich von Kleist ist der Dichter der Wende vom Weltbild der deutschen Klassik zur Gegenwart. Er ist kein Pathe-

tiker[1] und kein Idealist. Welt und Leben haben für ihn keinen
bestimmten oder bestimmbaren Sinn mehr, sie sind „zer-
brechlich", ein Rätsel, eine Verführung. Die sogenannte Wirklichkeit wird von keiner Idee beherrscht oder durchdrungen.
5 Sie ist der unheimliche Partner des einzelnen Menschen. Ihre
Gesetze sind verwirrend, wahnhaft und unheimlich, ja bo-
denlos, und je mehr das deutlich wird, desto einsamer fühlt
sich der einzelne Mensch. Es gibt Gott und Götter, aber sie
gehören zu dieser Welt und nehmen teil an der Verwirrung
10 des Menschen. Man muss also am Ich festhalten, an seinem
Gefühl von sich selber. [...]
Kleist war sich selbst ein Rätsel. Ein groß angelegter Charakter und Künstler wurde von Skrupeln und Zweifeln langsam
zersetzt. Eine Doppelanlage von Keuschheit und Lüsternheit,
15 von Härte und Weichheit, von märchenhafter Verträumtheit
und gewaltsamen Entschlüssen hat dazu geführt, dass man
seinen Charakter pathologisch[2] genannt hat. Das stimmt so
weit, wie der moderne Mensch überhaupt anormal ist, wie
Sein und Bewusstsein auseinanderfallen. [...]
20 Kleist war ehrgeizig, er wollte immer das Höchste, er wollte
Goethe den Lorbeer vom Kopf reißen, um der größte Dichter zu sein. In mancher Hinsicht hat er Schillers Werk vollendet, goethesche Intentionen überboten. Goethe wandte
sich gegen ihn, weil er spürte, dass dieser junge Mensch
25 Konsequenzen zog, von denen er sich seit Weimar schau-
dernd abgewandt hatte. Das Selbstzerstörerische war immer lebendig in Kleist, es verführte ihn zu Gedanken an
Selbstmord, und schließlich führte er ihn aus. Den Gegenpol
bildet sein Bedürfnis nach Ruhe. Jahrelang hoffte er, Bauer
30 werden zu können. [...]
Gewisse Motive kehren bei Kleist immer wieder, in denen
man Symbole seiner ambivalenten[3] Weltsicht sehen darf. [...]

---

[1] pathetisch = (übertrieben) feierlich, leidend, gefühlvoll, leidenschaft-
    lich
[2] krankhaft
[3] doppelwertigen, zwiespältigen

Kleist ist jedoch kein Zyniker[1] und Nihilist[2] geworden, wie so manche Romantiker, denn er bewahrte sich ein tiefes Gefühl dafür, dass es irgendwo Wahrheit und Reinheit geben müsse. Das macht den unbeschreiblichen Adel seiner Dichtungen aus. Seine Zeugen sind Vers und Stil, Wohllaut und 5 Sprache und Größe des dramatischen Wurfes über alle Wahrscheinlichkeiten hinaus. [Folglich ist festzuhalten,] dass Kleist kein Klassiker und Romantiker war, kein preußisch-patriotischer[3] Heimatautor, sondern einer der ersten modernen Menschen Deutsch- 10 lands. Heil und Verzweiflung sind ineinander verschränkt, Irdisches und Göttliches sind verfänglich getrennt und geklammert. [...] Es gibt auf der zerbrechlichen Welt immer wieder Punkte, wo das Paradies sichtbar wird: in der Liebe, und ihr Ort ist die Laube, die Höhle, das Bett und schließlich – geheimnisvoller und mächtiger als alle – der Tod. [...] Er ist 15 neben Goethe der Dichter tiefer und wahrer Frauen; sie sind die Träger eines meist schlummernden Inbilds der Wahrheit und Reinheit. [...]

Aus: Curt Hohoff: Heinrich von Kleist in Selbstzeugnissen und Bilddokumenten (Rowohlts Monographien). Reinbek bei Hamburg: Rowohlt, 34. Auflage 2007, S. 7 ff.

Zeittafel zu Leben und Werk

1777	18. Oktober: Bernd Wilhelm Heinrich von Kleist als Sohn des Kapitäns Joachim Friedrich von Kleist und seiner zweiten Frau Juliane Ulrike, geb. Pannwitz, in Frankfurt a. d. O. geboren. Von den zwei Halb- und fünf Vollgeschwistern war Ulrike (1774–1849) seine Lieblingsschwester.
1788	18. Juni: Tod des Vaters Kleist wird zur Erziehung zu dem Prediger S. H. Catel nach Berlin gegeben.

---

[1] zynisch = auf grausame und beleidigende Weise spöttisch, gefühllos, mitleidlos
[2] Nihilismus = Philosophie, die alles Bestehende für nichtig hält; völlige Verneinung aller Normen und Werte
[3] für sein Vaterland eintretender

Frankfurt an der Oder, Kleists Geburtsstadt

1792	1. Juni: Eintritt in das Garderegiment Potsdam als Gefreiter-Korporal
1793 – 1795	Teilnahme am Rheinfeldzug
1793	3. Februar: Tod der Mutter. Urlaub Kleists
1797	7. März: Beförderung zum Leutnant. Harz-Reise mit Rühle von Lilienstern. Mathematische und naturwissenschaftliche Studien [...]
1799	März: Kleist nimmt seinen Abschied. Drei Semester Studium (Kameralia und Jus) an der Heimatuniversität in Frankfurt a. d. O. Freundschaft und Verlobung mit Wilhelmine von Zenge
1800	Mitte August: Rückkehr nach Berlin. [...] Rousseau- und Kant-Lektüre. 1. November: Anstellung als Volontär im preußischen Wirtschaftsministerium in Berlin
1801	März: Kant-Krise (Briefe vom 22. und 23. März). [...]

Juli – November: Aufenthalt in Paris. Arbeit am *Robert Guiskard.* Erste Fassung der *Verlobung in St. Domingo* [Traum von der Gründung einer Familie mit Wilhelmine von Zenge auf einem Land-

Heinrich von Kleist, Miniatur

gut in der Schweiz (Brief vom 10. Oktober)]. November: Rückkreise nach Frankfurt a. M., Weiterreise, allein, in die Schweiz (Bern, Thun). [...]

1802 Seit Februar: Kleist wohnt auf einer Aare-Insel bei Thun. Arbeit am *Zerbrochnen Krug* und an *Robert Guiskard.* Fertigstellung der *Familie Schroffenstein.* Neue Pläne *(Amphitryon, Leopold von Österreich, Peter der Einsiedler).*
Juli – August: Krank in Bern [...]

1803 Februar: *Familie Schroffenstein* erschienen (Bern und Zürich, anonym).
Mitte März: Abreise nach Leipzig, Dresden. Umgang mit Henriette von Schlieben. Selbstmordpläne. [...]
Oktober: Vernichtung des *Guiskard*-Manuskripts in Paris. [...] Körperlicher und seelischer Zusammenbruch. Rückkehr nach Deutschland

1804 In Mainz. Pflege durch Dr. Wedekind.
Mitte Juni: Rückkehr nach Berlin. 22. Juni: Audienz bei dem Adjutanten von Köckeritz im Charlottenburger Schloss.
Herbst: Wiedereintritt in den preußischen Staatsdienst

1805 Anfang Mai: Als Diätar der Domänenkammer nach Königsberg. Arbeit am *Michael Kohlhaas,*

Amphitryon, an der *Marquise von O.* und *Penthesilea*

1806 August: Kleist nimmt Urlaub. Endgültige Aufgabe der Beamtenlaufbahn.
Oktober: Militärischer und politischer Zusammenbruch Preußens

1807 Januar: Versuch, nach Berlin zurückzukehren.
Februar – Juli: Kleist in französischer Gefangenschaft [...].
Frühjahr: *Amphitryon* erschienen [...].
August: Rückkehr nach Deutschland. [...] Vollendung der *Penthesilea* und des *Käthchens von Heilbronn*

1808 Januar – Dezember: Kleist gibt mit Adam Müller die Monatsschrift „Phöbus" heraus (darin Teilabdrucke aus kleistschen Werken: *[Marquise von O.,] Penthesilea, Der zerbrochne Krug, Michael Kohlhaas, Robert-Guiskard-Fragment* u.a.m.).
2. März: Aufführung des *Zerbrochnen Krugs* durch Goethe in Weimar.
Herbstmesse: *Penthesilea* erschienen [...]. Entstehung der *Hermannsschlacht* [...]

1809 Juni – Oktober: Aufenthalt in Prag. Politische Lyrik, *Katechismus der Deutschen.* Kleist erkrankt [...]

1810 29. Januar: Rückkehr nach Berlin. [...]
Herbstmesse: *Erzählungen* I. Bd. erschienen (Inhalt: *Michael Kohlhaas, Marquise von O., Das Erdbeben in Chili),* gleichzeitig *Käthchen von Heilbronn* [...].
1. Oktober: Die „Berliner Abendblätter" beginnen zu erscheinen.
[Dezember: In drei aufeinanderfolgenden Ausgaben erscheint der Erstdruck seines Essays *Über das Marionettentheater.*]

1811 30. März 1811: letzte Nummer der „Berliner Abendblätter".
Streit mit Hardenberg um eine Pension.

Frühjahrsmesse: *Der zerbrochene Krug* erschienen, ferner *Erzählungen* 2. Bd. (Inhalt: *Verlobung in St. Domingo, Das Bettelweib von Locarno, Der Findling, Die heilige Cäcilie, Der Zweikampf).*
Sommer und Herbst: Umgang mit Marie von Kleist, Gneisenau, Henriette Vogel.
21. November: Selbstmord am Wannsee [bei Berlin gemeinsam mit Henriette Vogel]

1821   *Hinterlassene Schriften* [...] erschienen (darin Erstdrucke der *Hermannsschlacht* und des *Prinzen von Homburg)*

Aus: Curt Hohoff: Heinrich von Kleist in Selbstzeugnissen und Bilddokumenten (Rowohlts Monographien). Reinbek bei Hamburg: Rowohlt, 34. Auflage 2007, S. 172 ff.

2. Historischer Hintergrund: Das Königreich Preußen um 1800

Kleist, in Preußen geboren, kehrt nach einigen Irrwegen im Mai 1805 in das preußische Königsberg zurück, wo er bis Januar 1807 bleibt. Während seiner „Königsberger Zeit" erlebt er den drohenden militärischen und politischen Zusammenbruch des Königreiches Preußen. Da ihm die angestrebte Anstellung im Staatsdienst nunmehr aussichtslos erscheint, besinnt er sich auf seine schriftstellerische Begabung, sodass hier u.a. auch seine beiden Novellen entstehen.

Preußische Soldaten, 1786. Gemälde von Schwarz

Preußens ständische Gesellschaft:
König – Junker – Bürger – Volk

Durch die Stärkung der territorialen[1] Fürstentümer im
Reich nach dem Dreißigjährigen Krieg 1618–1648 kam es
auch zur Festigung der ständischen Ordung und – damit
verbunden – zur Herausbildung des fürstlichen Absolutis-
mus[2] in den deutschen Ländern. Mit dem Aufbau einer staat-   5
lichen Zentralgewalt und eines stehenden Heeres schuf
Friedrich Wilhelm, der Große Kurfürst (1640–1688), auch
einen frühabsolutistischen Staat in Preußen. Damit verlor
der Adel zwar seine politischen Vorrechte aus der Stände-
ordnung[3], wurde aber gleichzeitig in seiner sozialen Herr-   10
schaft gefestigt.
Auf dem brandenburgischen Landtagsabschied von 1653
wurde die Erbuntertänigkeit[4] bzw. Leibeigenschaft der Bauern gegenüber dem Adel festgelegt und die gutsherrliche
Abhängigkeit der Bauern und Landarmen neu besiegelt. Das   15
festigte die Basis der bestehenden Ordnung und bedeutete
letztendlich eine Grundsatzentscheidung für die Richtung
und den Charakter der gesamtgesellschaftlichen Entwicklung. Bis ins 19. Jahrhundert sicherte dieser Herrschaftskom-
promiss die beherrschende Position des Adels.   20
Der größte Teil der Bevölkerung in Preußen lebte auf dem
Lande und von der Arbeit in der Landwirtschaft. Der grundbesitzende Adel hatte seine ökonomische und gesellschaftliche Basis in seiner ländlichen Herrenstellung. Trotz großer
Flächen landesherrlichen Domänenbesitzes[5] herrschte der   25
Adel auf dem Lande. Das resultierte vor allem aus dem
Obereigentum an Besitzrechten, welches sich in den deutschen Ländern auf 70 Prozent der Landbevölkerung er-
streckte. Hier konnten die Adligen ihre Ansprüche auf Zins-

---

[1] Territorium = Herrschafts-, Hoheitsgebiet
[2] Alleinherrschaft durch einen Monarchen
[3] hierarchische Ordnung der Gesellschaft nach Ständen; Stände =
geschlossene und durch Abstammung, Beruf und soziale Position
abgegrenzte Schichten (Adel – Klerus – Bürgertum – Proletariat)
[4] erbliche und wirtschaftliche Abhängigkeit des Bauern vom Guts-
herren; ähnelt der Leibeigenschaft, jedoch ohne eigenes Eigentum
[5] Domäne = staatliches oder landesherrliches Landgut

gelder, Naturalabgaben und Dienstleistungen weiterhin geltend machen. Sie waren gleichzeitig Gerichtsherren, Träger der Polizeigewalt und auch Patronatsherren[1] über Kirche und Schule. Steuer- und Zollfreiheit sicherte dem Adel
5 kommerzielle Vorteile, auch gegenüber der städtischen Kaufmannschaft. Die wenigen Städte waren ebenfalls landwirtschaftlich geprägt. Es existierte ein schwach entwickeltes Bürgertum. Weitgehend vom preußischen Militärdienst befreit, oblag ihnen Handel und Gewerbe.
10 Das in Europa mit den außereuropäischen kolonialen Eroberungen seit dem 16. Jahrhundert gewachsene Bedürfnis nach Kolonialwaren und Manufakturprodukten[2] veranlasste auch den preußischen Adel – allerdings nur in Europa –, Handel zu treiben. Unter den landwirtschaftlichen Pro-
15 dukten wurde besonders Getreide bis in die Niederlande und England exportiert. Parallel dazu räumte der Landesherr dem Adel eine vorrangige Position beim Aufbau der Armee und dem zentralen Beamtenapparat ein. Die Doppelrolle des Adels im militärischen und zivilen Bereich ließ den Junker[3]
20 entstehen. Mit den wachsenden wirtschafts- und rechtspolitischen Unternehmerinteressen des Adels festigten sich in Preußen die Grundlagen der junkerlichen Gutswirtschaft und damit das Überleben von adliger Herrenmentalität, Standesdünkel, militärischer Ehrenkodex und antiliberaler und
25 antidemokratischer Positionen.
Eine besondere Bedeutung besaßen die Domänenpächter bzw. Amtmänner, die seit dem ersten Drittel des 18. Jahrhunderts, zuerst in Ostpreußen, später im Gesamtstaat, als Pächter der königlichen Domänen fungierten und denen die Einkünfte ge-
30 gen ein Fixum überlassen wurden. [...] Nur begüterte Bürgerfamilien konnten pachten. Ihre Familien waren häufig städtische Magistratsmitglieder, wohlhabende Brauer und Handwerker, Gastwirte, Lokalbeamte, aber auch begüterte Bauern. Die Generalpächter – gleichgestellt mit Funktions-

---

[1] Patronat = Schutz-, Schirmherrschaft
[2] von Hand gefertigte Produkte, wobei erste Formen von Arbeitsteilung genutzt werden; im 17./18. Jh. sind insbesondere Tuch-, Seiden-, Porzellan- und Spiegelmanufakturen üblich
[3] adliger Gutsbesitzer

und Berufskategorien wie mittlere Beamte, Verlags- und Manufakturunternehmer oder auch Oberkaufleute – waren durch das Reglement von 1792 dem oberen Bürgerstand zugerechnet worden und damit selbst wie auch ihre Söhne vom Militärdienst befreit. Seit der Mitte des 18. Jahrhunderts setzte sich eine Art Erbfolge in der Verpachtung durch. Die Domänenpächter gehörten zu den wohlhabenden bürgerlichen Unternehmern und bildeten auch eine wesentliche Quelle für den preußischen Beamten- und Offiziersstand.

Die landwirtschaftliche Produktion auf der Basis der Gutsherrschaft erwies sich bis in die letzten Jahrzehnte des 18. Jahrhunderts in Preußen als rentabel. Sie sicherte das lange Überleben der gutsherrlichen Agrarstruktur. Erst die Folgen der Französischen Revolution von 1789 gaben den Anstoß für alternative Veränderungen der landwirtschaftlichen Verhältnisse. Die starre soziale Herrschaftsstruktur in Preußen und ihre Sanktionierung durch den König führten zunächst durch das Allgemeine Landrecht von 1794 zur erneuten juristischen Bekräftigung der Verhältnisse. Alle bestehenden Rechte am Boden, alle Beschränkungen der persönlichen Freiheit der Landbevölkerung und alle Rentenformen wurden erneut als geltendes Recht fixiert. Die seit 1799 anlaufenden Versuche, Domänenbesitz gegen Entschädigung in bäuerliches Eigentum umzuwandeln, blieben angesichts fehlender Veränderungen im gesamten agrarischen Bereich beschränkt. Die Bauern erhielten ein Erbzinseigentum an ihren Höfen, jedoch kein juristisch unbeschränktes Eigentum. [...] Erst 1808 erhielten alle Domänenbauern das volle Eigentumsrecht an ihren Höfen zuerkannt. An die Umwandlung gutsuntertänischer Bauernstellen in unabhängige Bauernstellen war in Preußen nicht zu denken, die Bauern blieben weiterhin in einem Abhängigkeitsverhältnis.

Erst die Niederlage im Krieg gegen das napoleonische Frankreich 1806/07 gab den Anstoß zur Einleitung von umwälzenden Reformen in Staat und Gesellschaft Preußens. [...] Mit dem Regulierungsedikt[1] von 1811, den Reformgesetzen von 1811 und 1821 wurden alle feudalen[2] Eigentumsrechte an Bauernland und alle Feudalrenten gegen Entschädigung

---

[1] Edikt = Erlass, Verordnung, amtliche Bekanntmachung
[2] lehnsrechtlichen

ablösbar. Angesichts der Tatsache, dass noch immer der größte Teil der Bevölkerung auf dem Lande und von der Arbeit in der Landwirtschaft lebte und der grundbesitzende Adel seine ökonomische und gesellschaftliche Basis in seiner
5 ländlichen Herrenstellung hatte, bildeten die Agrarreformen eine wesentliche Grundlage für die bürgerliche Entwicklung in Preußen. Ihre Umsetzung verlangte ein ganzes Bündel gesetzlicher Maßnahmen und vollzog sich über einen längeren Zeitraum bis zur Mitte des Jahrhunderts.
10 [...] Die erfolgreiche, konsequent zu Ende geführte Umwandlung von lehnsrechtlichem Eigentum in bürgerliches Eigentum erhielt dem Adel auch in wirtschaftlicher Hinsicht seine Machtposition. Parallel dazu konnte sich eine zahlenmäßig starke und ökonomisch stabile Mittel- und Großbauern-
15 schaft erhalten. Sie wurde zur treuen, zuverlässigen Stütze der preußischen Monarchie und stand der Masse der landlosen und landarmen Bevölkerung gegenüber.
Das städtische Bürgertum war in Preußen und im Reich nicht besonders stark entwickelt. Ihm waren Handel und Gewer-
20 be zugewiesen. Es musste ebenso wie die Landbevölkerung für die Steuereinnahmen des Staates aufkommen. Erst mit dem wirtschaftlichen Aufschwung Preußens und dem Wandel Deutschlands vom Agrar- zum Industriestaat in der zweiten Hälfte des 19. Jahrhunderts entstand in den großen Städ-
25 ten und Wirtschaftszentren ein neues, finanzkräftiges und selbstbewusstes Bürgertum. In den kleineren Städten wuchs die bürgerliche Schicht vor allem aus den höheren Beamten- und Akademikerfamilien. In der sozialen Differenzierung nach Einkommen und Lebensstandard entstanden das Bil-
30 dungsbürgertum und das Besitzbürgertum. Nach 1871 gab die alte Führungsschicht des preußischen Adels einen Teil seiner politischen Macht an die neue bürgerlich-gesamtdeutsche Schicht ab, die sich aus Gutsbesitzern und aus dem Großbürgertum zusammensetzte. Die Integrationsfähigkeit
35 des Bürgertums in das preußisch-monarchistische System resultierte aus gemeinsamen wirtschaftlichen Interessen.

Jens Stubenrauch, Julia Kothe, Harald Engler: Preußens ständische Gesellschaft: König – Junker – Bürger – Volk. Rundfunk Berlin-Brandenburg. www.preussen-chronik.de (Stand 18.8.2008)

3. Literarische Vorlagen für „Die Marquise von O…"

Kleist begann 1805 mit seiner Arbeit an der Novelle „Die Marquise von O…", die er zwei Jahre später während seiner Gefangenschaft in Frankreich beendete. Es ist nicht gesichert, woher Kleist den Stoff für sein Werk bezogen hat. Mit einiger Wahrscheinlichkeit haben ihn jedoch die folgenden Ereignisse bzw. literarischen Vorlagen inspiriert.

Heinz Politzer: Der Fall der Frau Marquise

[…] Russische Truppen stehen auf oberitalienischem Boden. Und da es russische Truppen sind, welche die Erzählung ins Rollen bringen, und ein russischer Graf sie bis an ihr Ende in Spannung hält, wird sich der Leser früher oder später genötigt sehen, nach der historischen Authentizität zu fra- 5 gen, die das Sprach- und Fantasiegebilde „Russe" rechtfertigt. Geht er also historisch vor, dann wird er sich, Kleists Mystifizierungstechnik zum Trotz, auf den zweiten Koalitionskrieg vom Jahre 1799 verwiesen finden, in dem Frankreich und die von Napoleon gehaltenen Gebiete einer Alli- 10 anz Österreichs, Englands, Neapels, Portugals und der Türkei gegenüberstanden. Der Zar führte die Verbündeten an; tatsächlich besetzten die Russen unter S[uwarow] als „General en Chef" Oberitalien. So gesehen, eroberten dann zwischen dem 17. und 19. Juni russische Truppen die „bedeu- 15 tende Stadt M…", die dann für Modena stünde. Wenn der russische Graf sodann bei seiner ersten Brautwerbung in Modena berichtet, „dass er plötzlich mit Depeschen nach Neapel" – warum nicht N…? – „geschickt worden wäre; dass er nicht wisse, ob er nicht von dort weiter nach Konstanti- 20 nopel werde abgeordnet werden", so erklärt sich dies aus der Konstellation der Mächte: Nach der Schlacht an der Trebbia fiel die Parthenopäische Republik und damit Neapel in die Hände der Verbündeten, zu denen auch die Goldene Pforte zählte. Der Onkel des Grafen wäre General 25 K[orsakow], dessen Hauptquartier tatsächlich in Z[ürich] lag. Das Landhaus bei V…, in dem die Marquise bisher „in der größten Eingezogenheit" gelebt hatte und in das sie sich

nach dem Zornausbruch des Vaters wiederum flüchtet, ließe
sich als der Name des Fleckens von Vignola lesen; für die
Stadt P..., nahe der Graf F... vermeintlich auf den Tod verwundet worden ist, böte sich Piacenza an; und für B..., wo der
vom Tode Auferstandene seine Depeschen einzuholen hofft,
wäre Bologna der volle Name. Schließlich fände die Hochzeit
des Grafen mit der Marquise in eben jener „Augustinerkirche" statt, die, vermutlich von Bibbiena, in Modena erbaut
worden ist.
Der Leser hält plötzlich in seinem Rekonstruktionsversuch
inne. Er stutzt und bemerkt, dass er sich in die Irre hat führen lassen. Hatte nicht der Untertitel der Erzählung versichert, sie sei zwar auf eine „wahre Begebenheit", also auf
Wirklichkeit gegründet, die Wirklichkeit dieser Wirklichkeit
jedoch fände sich nicht im Süden, sondern im Norden? Wo
im Norden sie dann aber läge, hat der geheimnisvolle Erzähler verschwiegen. [...]

Aus: Heinz Politzer: Der Fall der Frau Marquise. Beobachtungen zu Kleists „Die
Marquise von O.". In: Deutsche Vierteljahresschrift für Literaturwissenschaft und
Geistesgeschichte. 51. Jg. Stuttgart: Metzler'sche Verlagsbuchhandlung 1977,
S. 106 f.

Michel de Montaigne:
Essay über die Trunksucht

[...] Und was mir eine Dame berichtet hat, die ich besonders
verehre und schätze, dass nahe bei Bordeaux gegen Castres
hin, wo ihr Haus steht, eine Bauersfrau, die Witwe war und
im Geruch der Keuschheit stand, bei den ersten Anzeichen
von Schwangerschaft ihren Nachbarinnen sagte, wenn sie
einen Mann hätte, würde sie glauben, gesegneten Leibes zu
sein. Doch da der Grund zu diesem Argwohn von Tag zu
Tag wuchs und endlich bis zur Unzweifelhaftigkeit gedieh, kam
sie dahin, in ihrer Kirche nach der Predigt verkünden zu
lassen, dass sie dem, der sich der Urheberschaft geständig
erkläre, zu verzeihen und ihn, wenn er es gut finde, zu eheli-
chen verspreche. Durch diese Ankündigung ermutigt, bekannte einer ihrer jungen Ackerknechte, er habe sie an einem
Festtag, an dem sie sehr ausgiebig dem Wein zugesprochen

hatte, so tief schlafend nahe ihrem Herde gefunden, dass er
sich ihrer bedienen konnte, ohne dass sie erwachte. [...]

Aus: Essay über die Trunksucht (1580). In: Michel de Montaigne: Essas. Hrsg. von
Herbert Lüthy. Zürich: Manesse 1953, S. 328 f.

Jean-Jacques Rousseau:
Julie oder Die neue Héloïse

*Den bestehenden Standesschranken zum Trotz, halten die
adlige Julie d'Etanges und ihr bürgerlicher Hauslehrer Saint
Preux an ihrer Liebesbeziehung fest, was ihrem Vater missfällt. Um eine mögliche Schwangerschaft zu verhindern, die Schande über die Familie bringen würde, will er seine Tochter mit körperlicher Gewalt zur Vernunft bringen, was jedoch Julies Mutter ver-
hindert, die sich schützend vor sie stellt.*

[...] Nach dem Essen war es so kalt, dass meine Mutter ihr
Zimmer heizen ließ. Sie setzte sich an die eine Seite des Ka-
mins und mein Vater an die andre. Ich wollte einen Stuhl holen, 5
um mich zwischen sie zu setzen, als er mich beim Rocke
festhielt und mich, ohne etwas zu sagen, zu sich zog und auf
seine Knie setzte. Das alles geschah so geschwind und mit so
unwillkürlicher Bewegung, dass es ihn einen Augenblick danach
fast reute. Inzwischen war ich einmal auf seinem Schoße, er 10
konnte sich nicht davon lossagen, und was dem Anstand am
wenigsten dienlich war: Er musste mich in seiner unbequemen
Stellung in seinen Armen halten. Das alles geschah stillschweigend; allein, von Zeit zu Zeit fühlte ich, wie er mit einem nur
halb unterdrückten Seufzer seine Arme an meine Seiten 15
drückte. Ich weiß nicht, welche falsche Schamhaftigkeit diese
väterlichen Arme hinderte, sich diesen süßen Umarmungen
zu überlassen; ein gewisser Ernst, den er nicht abzulegen
wagte; eine gewisse Verwirrung, die wir uns nicht zu überwin-
den getrauten, erweckten zwischen Vater und Tochter jene 20
reizende Verlegenheit, die bei Verliebten aus Scham und Zu-
neigung entsteht, während eine zärtliche Mutter, vor Freuden
entzückt, ein so süßes Schauspiel insgeheim mit den Augen
verschlang. Das alles, mein Engel[1], sah und fühlte ich und

---

[1] Gemeint ist hier ihre Cousine Clara, der Julie diesen Brief
schreibt.

konnte der zärtlichen Regung, die mich ergriff, nicht länger widerstehen. Ich tat, als würde ich fallen; um mich zu halten, warf ich den einen Arm um meines Vaters Hals, neigte zu seinem ehrwürdigen Gesichte das meinige, und im Augen-
5 blicke ward es mit meinen Küssen bedeckt und von meinen Tränen überschwemmt. Aus denen, die ihm aus den Augen strömten, sah ich, dass er selbst von einer großen Pein erlöst war; auch meine Mutter kam, um unser Entzücken zu teilen. Süße, friedvolle Unschuld, du allein fehltest meinem Herzen,
10 um diesen Auftritt der Natur zum köstlichsten Augenblicke meines Lebens zu machen.

[...]

Aus: Jean-Jacques Rousseau: Julie oder Die neue Héloïse. Briefe zweier Liebenden aus einer kleinen Stadt am Fuße der Alpen. In: Ders.: La nouvelle Héloïse. In der ersten deutschen Übertragung von Johann Gottfried Gellius, überarbeitet von Dietrich Leube. Teil I, 63. Brief. I München: Winkler Verlag 1978, S. 177

4. Rezeption der Novellen Kleists

Kleist übt in seinen Novellen Kritik an der Gesellschaft, indem er die aus seiner Sicht erkennbaren Bruchstellen in einem vom christlichen Glauben geprägten, harmonischen Welt- und Menschenbild schonungslos aufdeckt. Die vordergründig geordnete Welt scheint dem Untergang geweiht. Im „Erdbeben in Chili" zerfällt sinnbildlich sogar die Natur selbst. Diesen Fingerzeig empfindet ein Großteil der Leserschaft als Provokation, weshalb ihm Anerkennung und Erfolg zu Lebzeiten verwehrt bleiben.

Phöbus.

Ein Journal für die Kunst.

Herausgegeben

von

Heinrich v. Kleist und *Adam H. Müller.*

Erster Jahrgang.

Mit Kupfern.

Zweites Stück. Februar 1808.

Dresden,
gedruckt bei Carl Gottlob Gärtner.

Titelblatt: Phöbus: Ein Journal für die Kunst. 1. Jg., Februar 1808

Christian Wagenknecht: Nachwort (Auszug)

[...] Besser als über die Entstehung der beiden Erzählungen sind wir über ihre Wirkung unterrichtet. Während die Erdbeben-Geschichte bei ihrem Erscheinen in Cottas Tageszeitung zunächst noch unbeachtet bleibt, sammelt sich die ganze Auf-
5 merksamkeit, mit der die Öffentlichkeit das mit stolzen Worten angekündigte Kunstjournal begleitet, wie erst auf die *Penthesilea* nun auf die *Marquise von O.* Und wieder ist die Entrüstung allgemein. Eine „abscheuliche Geschichte, lang und langweilig im höchsten Grad"; „kein Frauenzimmer" kann sie
10 „ohne Erröten lesen"; „nur die Fabel derselben angeben, heißt schon, sie aus den gesitteten Zirkeln verbannen". Selbst wohlwollende Betrachter wie Varnhagen und Gentz finden sie eines Dichters nicht würdig und möchten sie aus einem Kunstjournal lieber ausgeschlossen sehen. Auch Goethe, von dessen
15 Urteil über die Erzählung wir nichts wissen, dürfte wenig davon angetan gewesen sein – und wie schon beim *Amphitryon* die „Deutung der Fabel ins Christliche, in die Überschattung der Maria vom Heiligen Geist" übel vermerkt haben.
Worte der Anerkennung hört Kleist nur aus seinem Freun-
20 deskreis. Adam Müller, der Mitherausgeber des *Phöbus[1]*, auf dessen Drängen hin diese „in Kunst, Art und Stil gleich herrliche Novelle" überhaupt in die Zeitschrift gekommen ist, legt ihre Vorzüge in einem Brief an Gentz[2] ausführlich und eindringlich dar. [...] Die allgemeine Bewunderung lässt noch
25 lange auf sich warten.
Als Kleist zur Herbstmesse 1810 seine ersten Erzählungen gesammelt herausgibt, wird nur der darin erstmals vollständig gedruckte *Kohlhaas* mit ungeteiltem Lob bedacht. Vom *Erdbeben in Chili* heißt es in demselben *Morgenblatt*, das die Erzählung
30 drei Jahre zuvor veröffentlicht hat: Sie habe „etwas Empörendes" und sei auch „zu skizzenhaft behandelt"; und im Hinblick auf die *Marquise von O.* wünscht selbst ein Wilhelm Grimm, dass Kleist die Genauigkeit und Gründlichkeit seiner Darstellung besser „auf einen andern Stoff verwendet hätte".

---

[1] monatlich erscheinende Fachzeitschrift, die sich der Kunst widmete; Herausgeber: Heinrich von Kleist und Adam Heinrich Müller
[2] Gemeint ist hier der Brief an Friedrich von Gentz vom 14. März 1808 (vgl. S. 121).

Von der Wiener Zensurbehörde wird der Band mit den drei Erzählungen geradezu verboten – weil nämlich „deren Gehalt, wenn auch nicht ohne Wert, doch die unmoralischen Stellen nicht vergessen machen könne, welche besonders in der Erzählung *Das Erdbeben in Chili* vorkommen, deren Ausgang im höchsten Grade gefährlich sei".

Heute, fast zwei Jahrhunderte später, nimmt sich das Unverständnis, auf das Kleist zu seinen Lebzeiten stieß, halb traurig und halb lächerlich aus. Klüger als die Mitwelt ist in solchen Dingen die Nachwelt allemal. Eben darum aber wird man der Kritik jener Zeitgenossen auch ihr geschichtliches Recht lassen – und zugestehen müssen, dass Kleist ihr die Anerkennung seines Werkes nach Kräften erschwert hat. Und zwar nicht nur mit diesem Werk selber; auch mit seinem sprunghaft wechselnden Leben und mit seinem heute legendären, damals skandalösen Tod. [...]

Aus: Christian Wagenknecht (o. J.): Nachwort. In: Heinrich von Kleist: Die Marquise von O. Das Erdbeben in Chili. Stuttgart: Reclam 2004, S. 82 f.

Adam Heinrich Müller:
Brief an Friedrich von Gentz

Dresden, 14. März 1808

Flach finden Sie diese Marquise von O...? Und ich könnte lange nach Worten suchen, um dieses ganz unbegreifliche, an viel weniger vortrefflichen Lesern noch unbegreifliche Urteil zu bezeichnen. Womit hat der Phöbus solche arge Misshandlungen gerade von Ihnen verdient? Denn Kleisten kann es wohl nicht weiter affizieren[1], da Stil und Leben dieses Dichters, und sein unerbittlicher Mut, und seine vielleicht noch allzu schroffe Erhabenheit keinem Blinden noch Geblendeten verborgen bleiben können. Finden Sie vielleicht auch Reminiszenzen[2] von Iffland[3] in dieser Novelle,

---

[1] auf die Sinne einwirken, reizen, erregen
[2] Erinnerungen, Anklänge
[3] August Wilhelm Iffland (1759–1814) war ein deutscher Bühnenschriftsteller, der Dramen über das Leben des Kleinbürgertums mit einer Mischung von aufklärerisch-moralischem Pathos, rührseliger Handlung und einfachen Spannungseffekten im Zeitgeschmack schrieb.

wie es einigen Dresdener Beurteilern begegnet ist? – Also
vermöchte die moralische Hoheit dieser Geschichte nichts
über Sie, der Sie doch auch das Leben von keiner flachen
Seite kennengelernt, und durch die Apostasie[1] vom Buchsta-
ben der Moral hindurchgedrungen sind zur Erkenntnis der
himmlischen Mächte, welche nur durch ein gewaltiges, vom
Vaterhause forttreibendes Schicksal, oder durch Schuld und
Verbrechen entbunden werden? – Und Sie, leicht
beweglicher Freund, hätten der Tränen nicht nur sich enthalten, sondern wären überhaupt kalt geblieben da, wo die
Marquisin sich mit den Kindern in den Wagen wirft? – Aber
nicht bloß wegen moralischer, noch so erhabener Richtung
dieser Geschichte, nicht bloß wegen Herzensergreifung und
königlicher (im Gegensatz der gemeinen natürlichen und
pöbelhaften) Wahrheit – sondern wegen der unvergleich-
lichen Kunst in der Darstellung habe ich darauf gedrungen,
dass schon das zweite Heft damit geschmückt, und meine
kleinen Arbeiten durch seine Gesellschaft erhoben werden
sollen. Kleine Arbeiten, denn mein Gemüt ist Großem, und
auch den künftigen viel größeren Arbeiten Kleists gewachsen, aber sagen kann ich es nicht. An Mut der Gedanken und
an Umsicht des Geistes weiche ich nicht, aber an Mut der
Stimme und der Worte, an Resignation des Lebens und bil-
dender Kraft erkenne ich ihn für meinen Meister.
Überrascht werden Sie nicht in dieser Novelle: auf der zweiten und dritten Seite wissen Sie das irdische Geheimnis,
damit im Verfolg[2] die klare Betrachtung der Entschleierung
des göttlichen Geheimnisses nirgends gestört werde. Im
gewöhnlichen Leben schürzen und lösen sich die Knoten der
Schicksale von einem Tage zum andern, und in leisem Wechsel von Verwicklung und Entwicklung wird die leidende Seele groß und gut. Der gemeine Romandichter knäuelt und
ballt die Schicksale in einen einzigen derben Knoten zusammen, den er nachher platzen lässt oder zerhaut. Kleist lässt
die Heldin in einen solchen großen Knoten verwickelt werden, und sie ihn selbst mit natürlicher, herzlicher Kraft wieder auflösen; aber den Leser führt er, sanft, wie ein recht

---

[1] Abfall (vom Glauben)
[2] im Verlauf

schönes Leben, aus leiser Spannung in leise Befriedigung, und
so fort: es geschieht ohne alle einzwängende Qual, und wenn
die Seele am Schlusse eines gemeinen Romans mit einem
Glückseklat[1], mit einer brillanten Schlussdekoration belohnt
wird, aus der sie immer wieder schmerzlich in das stille 5
Helldunkel des gewöhnlichen Lebens und in den ruhigen Takt
desselben zurückfallen muss, so bleibt hier für die ganze
Dauer des Herzens, welches sie empfindet, eine harmo-
nische und jeder anderweitigen Empfindung angemessene,
freundschaftliche Schwingung zurück. 10
Das ist eines von vielem, welches ich Ihnen über diesen
herrlichen Gegenstand zu sagen habe. – Was die Zeitgenossen darüber denken, ist gleichgültig! Alles recht Göttliche
muss wohl dreißig und mehrere Jahre in irdischer Umgebung
so forttreiben, ehe es auch nur vom Zweiten erkannt wird; 15
dies lehrt die Weltgeschichte, die Bibel, und wird auch das
Schicksal der Werke lehren, welche der Phöbus verbreitet.
Vielleicht sind sie etwas zu frühzeitig, und das wäre ihr einziger, schöner Vorwurf; aber auch dieser hält nicht Stich, weil
sich unter unsern Freunden schon der Zweite, der Dritte, 20
der Vierte ihnen mit Bewunderung angeschlossen hat.

Adam Heinrich Müller (1808): Brief an Friedrich von Gentz vom 14. März 1808.
In: Helmut Sembdner (Hrsg.): Heinrich von Kleists Lebensspuren. Dokumente und
Berichte der Zeitgenossen. München: Carl Hanser Verlag 1996, S. 234

---

[1]   Eklat = Aufsehen, Skandal

5. Grundlagen der Erzähltheorie

Die Literaturwissenschaft bedient sich verschiedenster Kriterien, um die Struktur epischer Texte zu analysieren und auf diese Weise vergleichbar zu machen. Im Folgenden werden die in diesem Zusammenhang bedeutsamen Grundbegriffe der Erzähltheorie kurz erläutert.

Zeitstruktur

Im Hinblick auf die Zeitstruktur epischer Texte wird in der Erzähltheorie zwischen **Erzählzeit** und **erzählter Zeit** unterschieden.

- Erzählzeit = Dauer des Lesens, Lesezeit
  (Diese ist von der Anzahl der Druckseiten, der Lesekompetenz usw. abhängig und somit individuell verschieden.)

- Erzählte Zeit = Zeitraum der erzählten Handlung
  Diese setzt der Autor eines epischen Textes zueinander in Beziehung – je nachdem, welche Wirkung er beabsichtigt:

- **zeitdeckendes** Erzählen = Erzählzeit = erzählte Zeit
  Die zur Lektüre verwendete Zeit entspricht der Zeit des erzählten Vorgangs. Dies gewährleistet ein hohes Maß an Authentizität, da der Leser das Geschehen unmittelbar miterleben bzw. nachempfinden kann.

- **zeitdehnendes** Erzählen = Erzählzeit > erzählte Zeit
  Die Erzählzeit ist länger als die erzählte Zeit. Hierdurch wird die Aufmerksamkeit des Lesers auf das aktuelle Ereignis gelenkt, dem eine besondere Bedeutung im Hinblick auf den gesamten Handlungsverlauf beizumessen ist.

- **zeitraffendes** Erzählen = Erzählzeit < erzählte Zeit
  Die Erzählzeit ist (meist deutlich) kürzer als die erzählte Zeit. Die für das Verständnis der weiteren Handlung erforderlichen Eckdaten werden kurz zusammengefasst, Unwesentliches wird ausgelassen. Der Gang der Handlung wird auf diese Weise bewusst vorangetrieben, um möglichst schnell zu einem bedeutsamen Ereignis zu gelangen.

*Epische Texte zeichnen sich dadurch aus, dass in der Regel eine in der Zeit fortschreitende Handlung dargestellt wird. Diese wird von einem **Erzähler** geschildert, der für den Leser mehr oder weniger erkennbar ist. Er ist vom Autor des Werkes zu trennen, auch wenn z.B. autobiografische Erfahrungen verarbeitet werden oder der Erzähler Ähnlichkeiten mit dem Autor aufweist.*

Erzählform

Der Erzähler kann zwei Erzählformen benutzen, nämlich die **Ich-Erzählung** oder die **Er-/Sie-Erzählung**.

- Ich-Erzählung = Der Erzähler tritt hierbei selbst in Erscheinung, spricht von sich und verwendet das Personalpronomen 1. Person Singular.

- Er-/Sie-Erzählung = Der Erzähler berichtet über andere in der 3. Person Singular und tritt selbst in den Hintergrund.

Erzählperspektive und Erzählerstandort

Wie der Leser das Erzählte wahrnimmt, hängt ganz wesentlich von der **Erzählperspektive** und dem **Erzählerstandort** ab, die innerhalb eines Textes durchaus wechseln können.
In Bezug auf die Erzählperspektive wird zwischen der *Außen-* und der *Innensicht* unterschieden:

- Außensicht = Der Erzähler kann sich auf das beschränken, was er als Betrachter von außen wahrnehmen kann.

- Innensicht = Der Erzähler kann in die Figuren hineinsehen und ihre Wahrnehmungen, Gedanken und Gefühle mitteilen. Auf diese Weise vermittelt er dem Leser das Gefühl, unmittelbarer am Geschehen teilzuhaben.

Darüber hinaus ist es wichtig, welchen *Standort* der Erzähler zum erzählten Geschehen einnimmt:

- Distanz = Der Erzähler steht außerhalb der von ihm erzählten Welt und berichtet von der Handlung als Unbeteiligter. Er hat zumeist den Überblick über die gesamte Handlung und kennt deren Vorgeschichte und Fortgang (olympischer bzw. allwissender Erzähler).

- Nähe = Der Erzähler ist nah am Geschehen und hat in der Regel eine eingeschränkte Perspektive auf die Figuren und die Handlung.

Erzählverhalten

Es werden folgende Verhaltensweisen des Erzählers unterschieden, die innerhalb eines Textes auch wechseln können:

Auktoriales Erzählverhalten (lat. *auctor* = Urheber, Verfasser): Der Erzähler tritt deutlich hervor, indem er das erzählte Geschehen arrangiert und kommentiert und sich dabei auch direkt an den Leser wendet. Der auktoriale Erzähler weiß in der Regel mehr als die handelnden Figuren, überblickt das Geschehen und gibt dem Leser Hinweise auf Geschehnisse, die vor der erzählten Handlung liegen oder erst später ausgeführt werden. Der Erzählerstandort ist meistens der des allwissenden Erzählers.

Personales Erzählverhalten: Der Erzähler beschränkt sich auf die Sicht einer oder mehrerer Figuren. Der Leser erlebt das Geschehen sowie die Wahrnehmungen, Gedanken und Gefühle der handelnden Figur(en) scheinbar unmittelbar aus deren Sicht und tritt hinter die Figur(en) zurück.

Neutrales Erzählverhalten: Der Erzähler stellt das Geschehen als unbeteiligter Beobachter dar. Er wird vom Leser in Regel nicht bemerkt und konzentriert sich auf die äußerlich wahrnehmbaren Vorgänge.

Erzählhaltung

Der Erzähler kann dem von ihm erzählten Geschehen und den von ihm dargestellten Figuren neutral gegenüberstehen, er kann sich aber auch eine wertende Einstellung einnehmen. Diese kann zustimmend oder ablehnend, ironisierend, satirisch, kritisch oder humorvoll sein.

Darbietungsformen

Der Erzähler kann das Geschehen auf verschiedene Weise darbieten: Grundlegend ist hier zwischen **Erzählerbericht** und **Personenrede** zu unterscheiden:

- **Erzählerbericht** = Diese Textpassagen sind für den Leser als Äußerungen des Erzählers erkennbar, denn der Erzähler berichtet, beschreibt, kommentiert und/oder erörtert die Handlung.

- **Personenrede** = Die Äußerungen (einschließlich der unausgesprochenen Gedanken und Empfindungen) erfolgen direkt von der jeweiligen Figur der Handlung.

Bei beiden Darbietungsformen gibt es wiederum mehrere Ausprägungen, die im Folgenden skizziert werden.

Erzählerbericht

- episches Präteritum = Der Erzähler berichtet rückblickend über ein für die Figur gegenwärtiges oder zukünftiges Geschehen.
  Beispiel: Morgen wurde die Hochzeit gefeiert. Sabine war plötzlich unsicher.

- historisches Präsens = Der Erzähler holt ein für ihn vergangenes, für die Figur hingegen gegenwärtiges oder zukünftiges Geschehen in die Gegenwart, wodurch Spannung erzeugt wird.
  Beispiel: Es schlug zwölf Uhr, als Sabine in ihr Brautkleid schlüpft.

- indirekter Erzählerbericht = Der Erzähler gibt das Geschehen, welches ihm von einem anderen berichtet wurde, indirekt, d.h. im Konjunktiv, wieder. Dadurch wird ein Höchstmaß an Distanz zum Erzählten erreicht.
  Beispiel: Nur ihrer Trauzeugin habe die Braut anvertraut, dass ihr eine ganz intime Feier eigentlich viel besser gefalle.

Personenrede

- direkte Rede = Die Aussage einer Figur wird mit unverändertem Wortlaut wiedergegeben und in der Regel mit Anführungszeichen gekennzeichnet.
  Beispiel: „Das gefällt mir", meinte Sabine.

- indirekte Personenrede = Der Erzähler gibt die Aussage einer Figur indirekt, d.h. im Konjunktiv, wieder, um Distanz zum Geschehen zu schaffen.
  Beispiel: Sabine meinte, es werde ihr gefallen.

- innerer Monolog = Die Figur führt ein Selbstgespräch, d.h., die Gedanken und Gefühle werden in der 1. Person Singular und ohne Vermittlung durch den Erzähler wiedergegeben.
  Beispiel: Das wird mir gefallen, dachte sie.

- erlebte Rede = Die Gedanken der Figur werden im Präteritum in der 3. Person Singular wiedergegeben. Erzählerbericht und Personenrede werden auf diese Weise miteinander vermischt, wodurch dem Leser das unmittelbare Miterleben des Geschehens ermöglicht wird.
  Beispiel: Ob es ihr wohl gefallen wird? Das wusste sie nicht genau. Wie sollte sie es bloß herausfinden?

6. Strukturmerkmale ausgewählter literarischer Gattungen

Die Epik (griech. „epikós" = episch, zum Epos gehörend) stellt neben der Dramatik und der Lyrik eine der drei literarischen Grundgattungen dar. Sie beinhaltet die erzählende Dichtung und kann in gebundener (Versform) oder ungebundener Sprache (Prosa) vorliegen. In Anlehnung an Goethes Definition wird die Epik als mittlere der drei Naturformen der Poesie erachtet: Demzufolge ist Epik weniger subjektiv als die eher enthusiastische Lyrik, umgekehrt erreicht sie jedoch nicht die Objektivität der persönlich handelnden Dramatik.

Die in dieser Textausgabe vorliegenden literarischen Gattungen (Novelle und Anekdote) sind innerhalb der Epik den epischen Kurzformen zuzuordnen und werden im Folgenden näher vorgestellt.

Novelle

[italienisch *novella,* eigentlich (kleine) Neuigkeit, gedrängte Erzählung einer neuen Begebenheit, von lateinisch *novus* „neu"] Erzählung in Prosa (selten in Versform). [...]
Inhaltlich wird meist ein real vorstellbares Ereignis oder eine Folge von Ereignissen, die aufeinander bezogen sind, gestaltet. Die Ereignisfolge beruht auf einem zentralen Konflikt. 5
Formal ist die straffe, meist einsträngige Handlungsführung wesentlich, das pointierte Hervortreten eines Höhe- und Wendepunktes sowie die Tendenz zur geschlossenen Form, bei der ein Konflikt bis zur Entscheidung durchgeführt wird. Dementsprechend treten ausführliche Schilderungen von 10 äußeren Umständen oder psychischen Zuständen zurück. Dieser strenge Aufbau mit geraffter Exposition[1] und klar herausgearbeitetem Wendepunkt zum Unerwarten rückt die Novelle in die Nähe des Dramas [...]. Weitere typische

---

[1] Einführung in die Figurenkonstellation und Handlung eines Dramas im 1. Akt

Merkmale sind bestimmte Vorausdeutungstechniken wie
Leitmotive[1] und Dingsymbole.[2]
Von der jüngeren Kurzgeschichte unterscheidet sich die
Novelle v.a. durch ihre geschlossene Form, [...] von Anekdote
5 [...] und Kalendergeschichte durch bewusst kunstvollen
Aufbau und gehaltliches Gewicht, vom Roman durch die
Konzentration auf Ereignis und Einzelkonflikt.
Häufig sind Novellen zu einem Zyklus vereint (Novellen-
kranz), der oft nicht nur den äußeren Rahmen für die Er-
10 zählsituationen, sondern auch den gesellschaftlichen und
geschichtlichen Bezugsrahmen für die Einzeltexte abgeben
kann (Rahmenerzählung).
Seit der Romantik mehrten sich die Versuche, eine *Theorie
der Novelle* zu entwickeln. Nach Goethe ist die Novelle
15 „eine sich ereignete unerhörte Begebenheit". Hier wird der
inhaltliche Aspekt in den Vordergrund gerückt. L. Tieck und
A. W. Schlegel hoben eine Eigenart der Komposition, den
Wendepunkt in der Handlungsführung, als wesentliches
Merkmal hervor. Von hier aus kam P. Heyse zu seiner
20 Falkentheorie[3]. [...]
Neue Ansätze brachte erst das 19. Jahrhundert. In seinen
„Unterhaltungen deutscher Ausgewanderten" (1795) bezog
Goethe die Rahmenhandlung des Novellenzyklus auf die
Französische Revolution, auf den Zusammenbruch der alten
25 Gesellschaft, und gewann so einen neuen inhaltlichen An-
satz. Wichtigste Errungenschaft der modernen Novelle im
19. Jahrhundert war jedoch die psychologische Vertiefung,
z.T. auf Kosten einer weniger straffen Handlungsführung.
[...]

---

[1] Schlüsselwörter oder Themen, die im Verlauf der Handlung immer
wieder aufgegriffen und ggf. variiert werden; sie haben eine besondere Ausdruckskraft, da sie häufig die Gefühlslage der Figuren und/
oder die Atmosphäre der Textstelle wiedergeben

[2] bedeutungsvolle Gegenstände, die in der Lyrik wegen ihres Symbol-
gehalts leitmotivisch an Schlüsselstellen erscheinen

[3] Gemeint ist die inzwischen als unhaltbar angesehene Theorie von
P. Heyse, wonach jede Novelle einen „Falken", d.h. ein Dingsymbol,
haben müsse.

Meister der deutschen Novelle des 19. Jahrhunderts waren
H. von Kleist („Michael Kohlhaas", 1810; „Die Marquise von
O.", 1810), C. F. Meyer („Die Versuchung des Pescara", 1887),
Th. Storm („Aquis submersus", 1877; „Der Schimmelreiter",
1888), G. Keller („Die Leute von Seldwyla", 1856 – 78; „Zü- 5
richer Novellen", 1878) und A. Stifter („Bunte Steine", 1853).
Bedeutende deutsche Novellisten des 20. Jahrhunderts sind
Th. Mann, A. Döblin, F. Kafka, R. Musil, H. Hesse, St. Andres, G.
Grass, A. Seghers u. a.

Aus: Meyers Lexikonredaktion (Hrsg.): Schülerduden. Die Literatur. 2., überarbeitete und ergänzte Auflage. Mannheim 1989, S. 28

Anekdote

[von griechisch *anékdota* „nicht Herausgegebenes, Unveröf-
fentlichtes"] [...].
Heute eine knappe, oft heitere oder witzige Prosaerzählung,
in der eine bekannte Person, eine denkwürdige Begebenheit,
eine Gesellschaftsschicht oder ein Menschtyp in einer cha- 5
rakteristischen Besonderheit blitzartig beleuchtet wird. Der
Verfasser ist um Objektivität bemüht. Er lässt die mitgeteilte
Episode, die meist nur als möglich vorstellbar und nicht auch
historisch belegbar ist, am Schluss in einer Pointe gipfeln, d. h.
in einer überraschenden Wendung der Handlung oder in 10
einer in der gegebenen Situation nicht erwarteten Äußerung
der Person, wodurch verborgene Zusammenhänge deutlich
werden.
In geschichtlichen Werken und Lebensbeschreibungen er-
freuten sich Anekdoten, wenn auch nicht ausdrücklich so 15
bezeichnet, seit ältester Zeit großer Beliebtheit. [...]
Besonders bedeutsam sind die in den „Berliner Abendblät-
tern" (1810/11) erschienenen Anekdoten H. von Kleists,
noch bekannter die Anekdoten J. P. Hebels aus seinem
„Schatzkästlein des rheinischen Hausfreundes" (1811), 20
wenngleich sie nicht immer genau den Kriterien der Gattung
entsprechen. Überhaupt ergeben sich bei der Anekdote
viele Berührungspunkte mit den literarischen Gattungen
Witz, [...] Kalendergeschichte, Kurzgeschichte und sogar
Novelle. 25

Das 19. und das 20. Jahrhundert kennen eine unübersehbare Fülle populärer Anekdoten, die sich v.a. um bekannte Persönlichkeiten ranken. Auch B. Brecht ließ z.B. in seinen „Kalendergeschichten" (1949) einen Trend hin zum anekdotenhaften Erzählen erkennen.

Aus: Meyers Lexikonredaktion (Hrsg.): Schülerduden. Die Literatur. 2., überarbeitete und ergänzte Auflage. Mannheim 1989, S. 302–304

Bildnachweis

|akg-images GmbH, Berlin: 75, 76, 106, 107, 110. |bpk-Bildagentur, Berlin: 82; Scala 100.

Wir arbeiten sehr sorgfältig daran, für alle verwendeten Abbildungen die Rechteinhaberinnen und Rechteinhaber zu ermitteln. Sollte uns dies im Einzelfall nicht vollständig gelungen sein, werden berechtigte Ansprüche selbstverständlich im Rahmen der üblichen Vereinbarungen abgegolten.